Kieler Zeitgeschichte im Pressefoto

Jürgen Jensen

Kieler Zeitgeschichte im Pressefoto

Die 40er/50er Jahre auf Bildern von Friedrich Magnussen

Wachholtz

Schutzumschlagentwurf: Ingrid Thern-Steinhaus

ISBN 3 529 02673 5

Karl Wachholtz Verlag, Neumünster
2., verbesserte Auflage 1985

Inhalt

Friedrich Magnussen – Pressefotograf in Kiel

Die unmittelbare Nachkriegszeit und die fünfziger Jahre sind eine der bewegendsten und eindrucksvollsten Epochen der deutschen Geschichte. Die Frage, die sich insonderheit den Westdeutschen stellt, lautet, wie sich ein gerade vom Nationalsozialismus befreites, zerbombtes, demontiertes und desorganisiertes Industrieland so schnell erholen und zur Normalität westlicher Demokratien finden konnte. Der kurzfristige Übergang von der Diktatur zur Demokratie war eine geistige und moralische Herausforderung, und der rasche Wechsel aus bedrückender Armut zu hochzivilisatorischem Überfluß stellte an die tragende Generation große physische und psychische Anforderungen. Es kam das Wort vom deutschen Wirtschaftswunder auf, und heute ist die Verführung groß, die Nachkriegsepoche in modisch-nostalgischen Rückblicken – ähnlich den „goldenen" 20er Jahren – zu seicht und verklärt darzustellen. Die Nierentisch-, Petticoat- und Rock'n'Roll-Kultur oder die „Freß"-, Freizeit- und Reisewelle sind nur ein Aspekt der Entwicklung. Zunächst war eine geeignete Wirtschaftsordnung zu finden und der politische Neuanfang innerhalb des durch die Siegermächte vorgegebenen Rahmens zu wagen; konkret waren Maßnahmen zu treffen, die zerstörten Städte zu enttrümmern und wiederaufzubauen, Versorgungsengpässe und die drückende Wohnungsnot zu beseitigen, Arbeits- und Ausbildungsplätze zu schaffen. Der kalte Krieg und die Atombombe wurden zur Bedrohung der Menschheit, nachdem sich die Welt politisch in zwei feindliche Lager gespalten hatte. Eine latente Existenzangst überschattete allgemeine Zukunftserwartungen und einen an sich begründeten Fortschrittsglauben.

In der ehemaligen Kriegsmarinestadt Kiel war anfangs die Not besonders groß. In der „ärmsten der armen Städte Deutschlands" (Gayk) zeigten sich die Exponenten eines beginnenden Wohlstands immer etwas später als in den Wirtschafts- und Handelszentren, wo „das große Geld" verdient wurde. Aber auch in der jungen schleswig-holsteinischen Landeshauptstadt ist die Entfaltung auf allen Lebensgebieten beeindruckend.

Der Nachkriegsalltag ist schon früh Gegenstand amtlicher und wissenschaftlicher Veröffentlichungen geworden. Auch die Memoirenliteratur, die persönliche Eindrücke und Schicksale seit der Stunde Null beschreibt, hat in den letzten Jahren zugenommen. Kritische Zeugen der Zeit sind nicht zuletzt die Berufs- und Pressefotografen, die eine Fülle von Bildmaterial überliefert haben. Einen wichtigen Bestand mit Aufnahmen öffentlichen und privaten Charakters stellt für Kiel das Fotoarchiv des Bildjournalisten Friedrich Magnussen dar. Wie seine ebenfalls langjährig tätigen Kollegen Peter Cornelius, Gerhard Garms und Hermann Nafzger hat er für seine Arbeiten eigene Schwerpunkte gesetzt und persönliche Ausdrucksmittel gefunden.

Friedrich Magnussen, am 22. Januar 1914 in Kiel geboren, hat sich schon in jungen Jahren dafür interessiert, seine Umwelt auf Fotos festzuhalten, und diese Leidenschaft begleitet ihn bis heute. 1927 schenkten die Eltern dem Dreizehnjährigen eine gebrauchte 9×13-cm-Plattenkamera. Die ersten Aufnahmen machte er in nächster Umgebung seines Geburtshauses am Knooper Weg. Die belichteten Platten entwickelte er selbst in der elterlichen Wohnung hinter einem vorgezogenen Schrank im verdunkelten Korridor. Es war auch wichtig für ihn, eigene Abzüge und – mit Hilfe einer selbstkonstruierten Apparatur – Vergrößerungen herzustellen. Die Amateur-Fotografie stand damals in voller Blüte. Die zu früheren Zeiten vergleichsweise einfach zu bedienenden Fotoapparate waren industrielle Massenartikel geworden, der Rollfilm hatte sich längst durchgesetzt. Fotografieren war für viele ein individueller, hauptsäch-

lich auf die eigene Familie bezogener Spaß. Man konnte sich jedoch auch speziellen Gruppen und Vereinen, insbesondere den erfolgreichen Arbeiter- Fotogilden anschließen. Hier ging es nicht nur um die Gestaltung und technische Ausgereiftheit des Fotos, sondern vor allem um die inhaltliche Aussagekraft des gewählten Motivs. Die Schleswig-Holsteinische Volkszeitung (VZ) in Kiel förderte diese Bewegung, indem sie gelungene Aufnahmen abdruckte, die einem besseren Verständnis für Lebensprobleme und mitmenschliche Kontakte dienen konnten. Diese Arbeit endete abrupt mit der nationalsozialistischen Machtergreifung.
Magnussen, inzwischen Lehrling bei der Kieler Provinzial-Versicherungsgesellschaft, hatte diese Möglichkeit bis dahin nicht genutzt, zumal er durch sein Elternhaus direkte Verbindung mit der bürgerlichen Presse hatte. Sein Vater war bereits seit langem bei den Kieler Neuesten Nachrichten (KNN) als Schriftsetzer tätig. So ergaben sich für den Sohn schon frühzeitig Kontakte mit der Lokalredaktion.
Mit einer Leica, die er schon 1932 auf Raten gekauft hatte, besaß er die besten technischen Voraussetzungen, auch als Autodidakt gute Fotos zu machen. Er entwickelte ein Fingerspitzengefühl für Schnappschüsse und Szenen allgemeinen Interesses: 1934/35 erschienen die ersten Bildveröffentlichungen von „Photo: Magnussen“ in den KNN. Das Honorar, so erinnert sich der Bildautor, betrug damals 5 Reichsmark pro Aufnahme und wurde für Fotomaterial reinvestiert.
Als er zum Militär eingezogen wurde, hatte er seine Leica im Persilkarton dabei. Die zweijährige Dienstzeit bot ihm viele Studienmöglichkeiten im Kasernenmilieu. Weil er einer der wenigen konsequenten Fotografen in der Kompanie war, haben ihm diese Fähigkeiten – wie sich Magnussen erinnert – auch manchen kleinen Vorteil eingebracht: „Mein Kompaniechef war sehr fotofreundlich. Bei jedem Ausmarsch und nach jeder Übung mußte ich fotografieren. Freitags, nach Dienstschluß, bekam ich Sonderurlaub nach Kiel. Am Sonnabend wurden dann die Bilder von mir angefertigt, nach Möglichkeit der Hauptmann immer groß herausgebracht, und am Montagmorgen, bei Dienstbeginn, hatte der Chef seine Fotos und ich einen schönen Wochenendurlaub gehabt.“
Den Zweiten Weltkrieg machte Magnussen als Soldat mit. Er kam, abgesehen von einer Verwundung, glimpflich davon und wurde schon Ende 1945 aus der Kriegsgefangenschaft entlassen. Seine Frau hatte die Leica zeitweise im Garten vergraben und so vor dem englischen Zugriff gerettet; doch ans Fotografieren war anfangs noch gar nicht zu denken. Zunächst war die Familie vollauf damit beschäftigt, die notwendigsten Dinge zum Überleben zu beschaffen.
Mit der Währungsreform 1948 glückte auch Friedrich Magnussen ein neuer Anfang. Er kaufte für sein „Kopfgeld“ im wesentlichen Filmmaterial, das es nun auch wieder auf dem Markt gab. Entscheidend war dann die unternehmerische Idee: Als einer der wenigen, die damals noch über einen guten Foto- und einen – aus den Trümmern des elterlichen Hauses geborgenen – Vergrößerungsapparat verfügten, suchte er sein Betätigungsfeld im Schrevenpark. Dieser wurde vor allem von jungen Müttern mit ihren Kindern aufgesucht, die gern die seltene Gelegenheit wahrnahmen, sich fürs Familienalbum fotografieren zu lassen. 10 bis 12 Aufträge schaffte Magnussen pro Tag, doch „war das natürlich nichts für mich, der ich mit Leib und Seele Fotograf war.“
Die Kieler Nachrichten (KN) und die VZ erschienen inzwischen schon wieder werktäglich. Sie hielten sich im Umfang bescheiden, für „Lokales“ stand nur eine Seite zur Verfügung, und Bilder wurden nicht sehr zahlreich gebracht. Weil beide Verlage ihre eigenen Klischiermöglichkeiten im Kriege durch Bombenschaden verloren hatten, mußten die Klischees von einer Privatfirma hergestellt werden. Das bedeutete, daß die Bilder erst zwei Tage nach der Aufnahme erscheinen konnten und damit an Aktualität eingebüßt hatten. Den Redakteuren galt damals offentlichtlich ohnehin das geschriebene Wort mehr als das Bild, und da die Zahl der Fotografen zunahm, die freiberuflich für die Zeitungen arbeiteten, war es nicht einfach, zum Zuge zu kommen. Festangestellte Pressefotografen leisteten sich die Zeitungen nicht, sie hatten ja die Auswahl: „Um 17 Uhr war bei der Lokalredaktion der Kieler Nachrichten für Fotos Redaktionsschluß. Kurz vor der Zeit trafen sich dann oft die konkurrierenden Bildberichter und legten dem Lokalchef ihre Bilder vor. Er raffte al-

les zusammen, was so an Bildern auf seinem Schreibtisch lag und ging damit zum Chefredakteur. Nach etwa zehn Minuten kam er zurück, drückte jedem der voller Spannung dastehenden Bildberichter wortlos seine Bilder wieder in die Hand und behielt nur die, die veröffentlicht werden sollten. Ich sehe immer noch die enttäuschten Gesichter der Kollegen vor mir, die den ganzen Tag vergeblich gearbeitet hatten. Aber eine Chance gab es noch, die Volkszeitung. Hier traf man sich wieder und bot erneut seine Bilder an. Die VZ lag mit dem Bildhonorar um einige Mark tiefer, deshalb versuchte man es zuerst bei den KN."

Magnussen war sowohl bei den KN als auch bei der VZ erfolgreich. Karl Rickers, der spätere Chefredakteur der Volkszeitung, hielt ihn für den eigentlichen VZ-Fotografen, bis ihn die Kieler Nachrichten als KN-Bildberichterstatter vorstellten und für sich reklamierten.

Mit zunehmendem Wohlstand hatten sich die Verhältnisse bei der örtlichen Presse konsolidiert. Das Bild rückte immer stärker zu einem dem Wort gleichberechtigten Mittel der Information auf. Die KN schafften sich ein eigenes Gerät zur Herstellung von Klischees an und banden Friedrich Magnussen um 1952/53 fester an das Blatt, indem er fortan auf Honorarbasis, später mit einer zusätzlichen Pauschale, feste Aufträge erhielt. Er mußte alle Fototermine wahrnehmen und außer für die Lokal- auch bis Mitte der 60er Jahre für die Sportredaktion und verschiedene Regionalredaktionen arbeiten. Ergänzend brachte die Zeitung allerdings noch Fotos aus den Spezialgebieten freier Mitarbeiter, von denen in der Silvester-Ausgabe 1953 allein sieben weitere Fotografen vorgestellt werden. Um flexibler zu sein, hatte sich Magnussen als einer der ersten in der Stadt einen Motorroller angeschafft, was ihm die damals ohne Frage anerkennend gemeinte Bezeichnung eines „rasenden Reporters" einbrachte. Als er im April 1977 seine hauptberufliche Tätigkeit aufgab und mit 63 Jahren in Pension ging, war er eine stadtbekannte „Institution" und Chronist einer bewegten Epoche der Kieler Stadtgeschichte geworden.

Beim Durchblättern seines Bildarchivs kann Magnussen rückschauend von zahllosen ernsten und kuriosen Begebenheiten berichten; er kennt die Mentalität von Redakteuren und hat ein festgefügtes Bild von den Erwartungen, die seine Mitmenschen gegenüber einem Pressefotografen haben. Über Motivmangel konnte er sich nicht beklagen; er hat freudige und traurige Tagesereignisse, Allerweltsgeschehen und historische Augenblicke in seiner Heimatstadt im Bild festgehalten und aus heutiger Sicht Spurensicherung betrieben. „Rasender Reporter" zu sein war das eine, was die Zeitung mit ihrem Aktualitätsanspruch und ihrer Jagd nach Sensationellem und Monströs-Skurrilem tagtäglich von ihm forderte. Andererseits erkannte er feinsinnig die elementaren Grundlagen und gesellschaftlichen Wandlungen seiner Umwelt und versuchte, sie gleichsam auf einem Nebenschauplatz in kritischer Stellungnahme und persönlicher Sicht der Dinge dokumentarisch zu sichern. Er nahm sich Zeit zu sehen, zu finden. So gelang ihm eine Reihe von Aufnahmen aus dem Alltagsleben, die Zeitdokumente geworden sind und als Beispiele für die nicht zu unterschätzende soziale Bedeutung der Fotografie gelten können. Die Bilder dieser Kategorie enthalten starke Empfindungen und halfen den Mitmenschen bei ihrer Veröffentlichung, die aus den Fugen geratene Welt um sie herum zu verstehen. Auch rückblikkend tragen sie mit ihrem sozialen Engagement und unerbittlichen Realismus dazu bei, das Bild der Nachkriegs-Epoche vor einer Verklärung zu bewahren.

Was fotografierte Friedrich Magnussen damals, und was davon findet sich in einer straffen Auswahl im Bildteil wieder? Er selbst hat den Eindruck, als „gab es für einen Pressefotografen fast nur traurige, erschütternde Motive für seine Kamera". Die Trümmerlandschaft seiner Heimatstadt war ihm Bildinhalt genug für viele hundert Aufnahmen. Sie dokumentierten nicht nur die Wunden im Stadtbild als Folgen des von Hitler entfesselten Weltkrieges, sondern sollten vor allem auch die Umstände aufzeigen, in denen die Opfer des Krieges, Flüchtlinge, Ausgebombte, Alte und Kinder, so gut es ging ihr Leben führten. Magnussen machte keine Fotos für sich selbst, sondern zur Veröffentlichung in der Presse, um der menschlichen Gesellschaft, Siegern wie Besiegten, einen Spiegel vorzuhalten. Wenn er den Handkarren ziehenden Alten (Abb. 5), den Papiersammler auf dem Bahnhof (80), die in Trümmern, auf dem Friedhof oder mit Granaten spielenden Kinder (4, 6, 7) aufnahm oder Flüchtlinge porträtierte, so verband sich mit der Veröffentlichungsabsicht ein Appell an das Gewissen und ein Aufruf zur Humanität an diejenigen, denen es schon wieder besser ging. Magnussen erkannte die anrührende Wirkung eines Bildes von der trostlosen Stimmung am Weihnachtsabend im Wartesaal dritter Klasse im Kieler Hauptbahnhof oder der eingeschneiten Nissenhütten auf dem Professor-Peters- bzw. Augustenburger Platz. Aufnahmen wie diese sind historische Zeitdokumente, die überdauern. Sie drücken wesentliche Stimmungen des Zeit- und Lebensgefühls einer ganzen Generation aus.

Dem Neu- und Wiederaufbau der Stadt haben Magnussen und die Presse viele Aufnahmen gewidmet. Diese Aufgabe, der sich die ganze Einwohnerschaft stellte, bedeutete die Räumung von Trümmerschutt an Land (26, 45) und von Schiffswracks im Hafen (61–64), den Bau von Straßen und Gebäuden (41–50), aber auch Kampf gegen Demontage und Sprengungen von Industriebetrieben durch die Alliierten (52–55, 65, 67–69) und die Umstellung auf eine neue „Friedensindustrie“ (71, 75–77). Magnussens Bilder zeigen Momente aus dem Arbeitsprozeß. Aus ihnen wird der Alltag spürbar, der frei ist von euphorischen Attitüden und einer abenteuerlichen Aufbruchstimmung ins Wirtschaftswunder. Zeitgeschichtliche Aufnahmen gesellschaftlicher Höhepunkte finden sich bei Magnussen seltener, abgebildet sind der Staatsbesuch von Bundespräsident Theodor Heuß (81), die Tagung der Ministerpräsidenten der Bundesländer (82), Star-Dirigent Furtwängler in der Ostseehalle (39) oder eine Miß-Wahl aus dem Jahre 1954 (40). Idylle ist bei Magnussen vordergründig: das Standbild des Dichters Klaus Groth von Heinrich Mißfeldt, fotografiert auf einem Harburger Schrottplatz, ist gerade eben der Einschmelzung entgangen, und das Foto „Signalturm mit Schafen“ (57) assoziiert beim Kundigen, daß dieses markante Bauwerk durch Kriegsschäden in seinen Fundamenten erschüttert ist (und später abgerissen werden mußte).

Der Bilderchronik folgt im Abbildungsteil die topographische Serie „Kiel gestern und heute“, Aufnahmen der späten 40er und frühen 50er Jahre werden Fotos gegenübergestellt, die etwa 30 Jahre später vom gleichen Standort aus gemacht worden sind. Diese Bildfolge wurde vorab in den Jahren 1981/82 im Kieler Expreß veröffentlicht und löste bei der Leserschaft eine starke Resonanz aus. Das schon häufig angewandte Verfahren des Vergleichs hat Magnussen in seinen Bilderpaaren akribisch genau durchgehalten. Es ist durch den vorgegebenen Bildausschnitt für die jüngeren Aufnahmen nicht immer glücklich, aber insgesamt für den gewählten Zeitraum besonders ergiebig. Denn die erste Phase, in der sich das „normale“ Leben einzurichten beginnt und die Anfänge einer zukünftigen Entwicklung sichtbar werden, wird verglichen mit dem Zustand, wie er sich nach dem Abschluß der Aufbauphase zeigt. Er ist im wesentlichen nach dem Bauboom erreicht, den die olympischen Segelwettbewerbe 1972 noch einmal auslösten.

Bei vielen Bildpaaren ist es noch verhältnismäßig einfach, sich über die dargestellte historische Situation klarzuwerden, sei es, daß der Rathausturm oder ein anderes Merkmal Orientierungshilfe geben. Komplizierter wird es schon bei der Ansicht der Nordwest-Seite des alten Marktes (89), schwierig bei der Faulstraße (100) oder der Kreuzung der Werftstraße mit dem Karlstal in Gaarden (134). Durch die Gegenüberstellung verdeutlicht Magnussen die enorme Aufbauleistung nach dem Zweiten Weltkrieg in Kiel, aber ruft auch schmerzlich die damit verbundenen Planungs- und Bausünden in Erinnerung, wie sie sich für viele alte Kieler etwa darstellen in dem aus heutiger Sicht unnötigen Abriß des beschädigten alten Universitätsgebäudes im Schloßgarten (148) oder des Marinesignalturms an der Blücherbrücke (160), ferner in der neuen Bebauung des alten Marktes (88, 90, 92) oder der Aufgabe des historischen St.-Jürgen-Friedhofs am Sophienblatt (130).

Wer das Schaffen des Pressefotografen Friedrich Magnussen während seines langjährigen Berufslebens überschaut und ihn womöglich noch persönlich kennengelernt hat, wird feststellen, daß er die täglichen Anforderungen, die eine Tageszeitung stellen muß, mit Gelassenheit zu erfüllen wußte. Unauffällig, doch ohne sein Ziel aus den Augen zu verlieren, ist er vorgegangen, hat „Termine“ eingehalten und Aufträge ausgeführt (Politiker X überreicht . . ., Altersjubilar Y schmeckt noch die Zigarre etc.). Den Beruf des Fotografen empfindet er als Berufung, bei der sich dienstliche und private Neigungen ergänzen. Seine Leidenschaft und sein besonderes Engagement galten den freien Themen und Fotos, die die Grundhaltung und -einstellung der Menschen anrühren und der Toleranz, Achtung und Mitmenschlichkeit förderlich sein können. Schließlich wird aus der Konzeption und Anlage seines Bildwerkes auch die Absicht deutlich, der Nachwelt das Bild seiner Vaterstadt Kiel in einer Um- und Aufbruchzeit möglichst authentisch zu überliefern und in einer Bildsprache zu kommentieren, die dem Betrachter verständlich ist. Seine kritische Auseinandersetzung mit der im Dokumentarfoto wiedergegebenen „Wahrheit über die reale Welt" gipfelt in dem Wunsch, die Not eines Krieges und seiner Folgen möge sich niemals wiederholen.

Magnussens fotografische Bestandsaufnahme folgt, so lückenhaft sie auch sein muß, in ihrem Schwerpunkt bewußt oder unbewußt einem Aufruf Bertolt Brechts von 1952 zum Völkerkongreß für den Frieden: „Das Gedächtnis der Menschheit für erduldete Leiden ist erstaunlich kurz. Ihre Vorstellungsgabe für kommende Leiden ist fast noch geringer . . . Die weltweiten Schrecken der vierziger Jahre scheinen vergessen. Der Regen von gestern macht uns nicht naß, sagen viele. Diese Abgestumpftheit ist es, die wir zu bekämpfen haben, ihr äußerster Grad ist der Tod. Allzu viele kommen uns heute schon vor wie Tote, wie Leute, die schon hinter sich haben, was sie vor sich haben, so wenig tun sie dagegen. Und doch wird nichts mich davon überzeugen, daß es aussichtslos ist, der Vernunft gegen ihre Feinde beizustehen . . ." Die Erfahrungen seit dieser Zeit lehren, daß die Menschheit kaum – und am wenigsten durch Fotos – besser geworden ist. Wer Friedrich Magnussen kennt, weiß, daß er sich dennoch nicht desillusionieren läßt, obwohl er, weniger durch die Theorie als die Praxis ausgebildet, im wahrsten Sinne des Wortes durch eine Schule des Sehens gegangen ist.

Anzumerken ist, daß nicht alle Aufnahmen im Abbildungsteil von Friedrich Magnussen stammen, sondern einige Bilder verschiedener Urheberschaft aus der Fotosammlung des Kieler Stadtarchivs hinzugefügt sind, um die Bildfolge abzurunden. Es sind die Abbildungen 1–3, 16, 23–25, 29, 52, 75, 83, 85, 168, 170.

Zur Dokumentation: Einen schlaglichtartigen Einblick in die Kieler Situation der frühen 50er Jahre vermitteln zwei Dokumente von Oberbürgermeister Andreas Gayk sowie dem Stadtplaner und Städtebauer Herbert Jensen. Gayk hat als überragende Persönlichkeit der Nachkriegsgeschichte die Weichen für den Neuaufbau der Stadt gestellt, für den er wie andere große Bürgermeister der Stunde Null die gesamte Bürgerschaft zu mobilisieren wußte. Die jährlichen Etatreden vor der Kieler Ratsversammlung waren für ihn Anlaß, einen kommunalpolitischen Gesamtüberblick abzugeben. Tagespolitisch in Einzelfragen zwischen den Fraktionen umstritten, spricht aus der nachfolgenden – leicht gekürzten – Haushaltsrede 1953 doch insgesamt ein Grundkonsens über die Maßnahmen zum Wiederaufbau der Stadt, die nun nach 1242 (Graf Adolf IV.) und 1867 (Preußen) gleichsam „von unten", d. h. den Bürgern zum dritten Male gegründet wurde.

Ein wesentlicher Anteil an der neuen städtebaulichen Konzeption kommt dem damaligen Stadtbaurat Herbert Jensen zu. Er hat sich mehrfach zu der Kieler Problematik in Presseartikeln und Fachzeitschriften geäußert; hier folgt ein Abdruck eines die Aufgabe straff umreißenden Beitrages aus dem „Baumeister. Zeitschrift für Baukultur und Bautechnik", München 1957.

Schließlich spiegelt ein Auszug aus der Stadtchronik des Stadtarchivs für die Jahre 1945 bis 1960 das gemeindliche, also weitgehend öffentliche Leben wider. Aus den kurzen Tagesnotizen wird sichtbar, wie schnell sich in den 15 Jahren nach Kriegsende die Themen des öffentlichen Interesses – die Eintragungen gehen vor allem auf Pressenotizen zurück – veränderten und „normalisierten".

Dokument I: Kommunalpolitischer Gesamtüberblick 1953

Haushaltsrede von Oberbürgermeister Andreas Gayk vor der Kieler Ratsversammlung

Im Jahre 1947, anläßlich einer Haushaltsrede, habe ich an den Sinn der Geschichte vom Weibe Lots erinnert: daß zur Salzsäule erstarrt, wer in so grauenvollen Zeiten den Blick nach rückwärts wendet; daß Lebenswillen und Arbeitskraft verliert, wer hypnotisiert nur auf die Zerstörungen schaut und alle seine Gedanken den Toten zuwendet. Das war damals, als die Bevölkerung unserer Stadt sich mühsam aus den Trümmerhaufen herauszuarbeiten begann. Wir alle waren uns in dieser Zeit darüber einig, daß nur ein unbeirrbarer Lebenswille Kiel zu neuem Leben erwecken könne. Und wir haben die Bürger unserer Stadt nicht im Zweifel darüber gelassen, daß Not und Elend, daß Schweiß und Tränen viele Jahre hindurch unsere getreuesten Begleiter sein würden.
Sieben Jahre sind seit dem Zusammenbruch ins Land gegangen, sieben harte und arbeitsreiche Jahre. Wie in vielen anderen kriegszerstörten Städten, so wurden auch in Kiel Wunder des Aufbaus vollbracht. Materiell und geistig sind Fortschritte erzielt worden, die viele von uns in den ersten Nachkriegsjahren für unmöglich gehalten hätten.
Verglichen mit der Stadt, die im Mai 1945 zertrümmert vor uns lag, ist Kiel nicht wiederzuerkennen. Das Gesicht dieser Stadt hat sich grundlegend verändert. Die Berge von Trümmern, die der Krieg uns hinterließ, haben sich in Grünflächen und Grünanlagen verwandelt. Die abgeholzten Alleen an den Straßen haben unsere Kinder neu gepflanzt. Indem sie neuerdings Schulwälder pflanzen, sind sie dabei, auch die Verunstaltungen der Stadtrand-Landschaft zu beleben. Unsere Häuser haben wieder Türen, Fenster und Dächer bekommen. Die Wohnungen, von denen nur wenige nicht beschädigt waren, sind größtenteils wenigstens notdürftig instandgesetzt. Von 34 000 total zerstörten Wohnungen wurden inzwischen 13 100 neu aufgebaut. Die Gesamtzahl der Wohnungen und Notwohnungen, die von 82 000 auf 49 000 zusammengesunken war, ist damit auf 62 000 gestiegen. Die Massenquartiere der Heimatvertriebenen, in denen 8500 Menschen vegetierten, wurden in Einzelräume und Behelfswohnungen umgewandelt. Die Strom-, Gas- und Wasserversorgung der Häuser und Wohnungen ist wieder intakt.
Der Zustand der Straßen läßt zwar noch zu wünschen übrig. Aber die Kanalisationsanlagen sind wieder instandgesetzt. Niemand braucht mehr zu fürchten, nachts ungesehen in Bombentrichtern oder Kanälen zu verschwinden, denn dank der Zähigkeit des zuständigen Dezernenten erhellen 4100 Straßenleuchten das nächtliche Dunkel der Stadt. Die Verkehrs-AG bemüht sich erfolgreich, den Anforderungen einer Landeshauptstadt nachzukommen. Die wichtigsten Sozialeinrichtungen haben ihre Tätigkeit wiederaufgenommen: 8 städtische Kindergärten, 1 städtisches Kindervollheim, 2 städtische Kindererholungsheime, 1 städtisches Altersheim, 1 städtisches Lehrlingsheim, 9 städtische Unterkünfte für die Jugend und 4 städtische Rentnerheime stehen der notleidenden Bevölkerung neben anderen privaten Sozialeinrichtungen wieder zur Verfügung.
Der Ausbau des städtischen Krankenhauses hat gute Fortschritte gemacht. Er muß sich jetzt der Unterteilung der großen Krankensäle zuwenden. 1945 gab es in Kiel keine Kinderspielplätze. Heute gibt es deren 35, dazu zwei Planschbecken, die idealsten Spielplätze für die heißen Sommermonate. Für unsere sportbegeisterte Jugend gibt es nicht nur 8 Sportplätze, wie 1945, sondern 23, dazu 3 Tennisplätze. Mehrere neue Sportanlagen sind im Bau.
Der Schulbetrieb, der 1945 völlig stillgelegt war, wurde Jahr für Jahr ausgebaut. Die Volksschüler erhalten heute 85 %, die Mittelschüler 90,7 %, die höheren Schüler 90 % des Unterrichtssolls. Die schulärztliche und zahnärztliche Betreuung der

Schulkinder wurde sichergestellt, die vorbeugende Erholungsfürsorge und die Schulspeisung wiederaufgenommen.

Beachtliche Anfangserfolge im Wirtschaftsaufbau: Der Hafen wurde soweit instandgesetzt, daß er den dringendsten Anforderungen genügt. Die Zahl der Gewerbebetriebe hat sich zwischen den beiden Zählungen 1949 und 1952 um rund 2000 erhöht. Mehr als 4000 Betriebe aller Art wurden in Kiel seit dem 31. Dezember 1944 neu errichtet. Im letzten Jahre wurden neun größere Betriebe mit zunächst 200 Arbeitsplätzen neu angesiedelt. Die Zahl der Beschäftigten hat sich vom September 1951 bis September 1952 (den saisongünstigen Monaten) von 86 5000 auf 90 300, also um 4000 erhöht. Die absolute Zahl der Erwerbslosen sank im letzten Jahre von 22 300 auf 19 000, also um 3300. Gemessen an der Gesamtzahl der Beschäftigten, ging der Anteil der Erwerbslosen in derselben Zeit zum ersten Male nach der Währungsreform sichtbar zurück, nämlich von 20,6 auf 17,4 %. Landesregierung und Universität haben trotz der großen Zerstörungen ein erträgliches Unterkommen gefunden. Die Einwohnerzahl ist gestiegen: von 157 000 im Jahre 1945, der tiefsten Kurve der Kriegs- und Nachkriegsjahre, auf 261 000. Die Zahl der Wohnungssuchenden ist in derselben Zeit, Gott sei Dank, von 21 000 auf schätzungsweise 15 000 bis 16 000 zurückgegangen.

Am sichtbarsten aber hat sich das städtebauliche Gesicht unserer Stadt verändert. Lassen Sie mich einmal die wichtigsten Bauvorhaben der letzten Jahre kurz aufzählen, um die Verwandlung der Stadt in die Erinnerung zurückzurufen. Die Ostseehalle wurde im Jahre 1952 fertiggestellt. Ihr Nutzen für das wirtschaftliche, sportliche, kulturelle und gesellige Leben der Stadt ist unbestritten. Die Schwimmhalle wird am 29. März eröffnet. Kein Bauvorhaben hat die Bevölkerung mit einer solchen Anteilnahme verfolgt, wie den Bau der Schwimmhalle. Mit ihrer Fertigstellung hoffen wir einem dringenden Bedürfnis abzuhelfen. Die Jugendherberge Bellevue, deren Errichtung im Vorjahre beschlossen wurde, ist bereits in vollem Betrieb. 15 600 Kinder und Jugendliche haben in ihren schönen Räumen Unterkunft gefunden. Das Stadttheater soll bis zur Kieler Woche spielfähig und bis zum Beginn der nächsten Spielzeit vorläufig fertiggestellt sein. Der endgültige Aufbau des Seitenflügels muß einer späteren Zeit überlassen werden.

Auf dem Gebiet des Schulbaus wurde im Rahmen der vorhandenen Mittel das Mögliche getan. Die Landwirtschaftsschule wurde am Rondeel neu gebaut und in Betrieb genommen. Der Wiederaufbau der Landesingenieurschule wurde fortgesetzt. Für die allgemeinbildenden Schulen wurden folgende Bauvorhaben durchgeführt: Die Schulen Iltisstraße, Dietrichstraße und Große Ziegelstraße wurden instandgesetzt oder wieder aufgebaut. An der Humboldtschule wurde der Aufbau des Nordflügels beendet. Die Friedrich-Junge-Schule befindet sich im zweiten Bauabschnitt. Bei den Schulneubauten in Wellingdorf und der Max-Planck-Schule wurde mit dem ersten Bauabschnitt begonnen. Aus den Vorgriffsmitteln für 1954 und 1955 werden folgende Schulbauten finanziert: 1. Große Ziegelstraße, Wiederaufbau und Neubau, 2. Gorch-Fock-Schule, Hasseldieksdamm, Erweiterungsbau, II. Bauabschnitt, 3. Theodor-Storm-Schule, Danziger Straße, II. Bauabschnitt, 4. Max-Planck-Schule, II. Bauabschnitt, 5. Käthe-Kollwitz-Schule, II. Bauabschnitt. Auch der Neubau des Gymnasiums an der Feldstraße, den die Landesregierung hundertprozentig finanziert, darf in diesem Zusammenhang nicht unerwähnt bleiben. Wenn alle diese Bauvorhaben fertiggestellt sind, werden wir auf dem Gebiet des Schulbaus in Kiel ein schönes Stück vorwärtsgekommen sein.

Am sichtbarsten hat sich die Innenstadt verändert. Sie ist, mit dem Zustand vor wenigen Jahren verglichen, nicht wiederzuerkennen. Wo gestern öde Trümmerflächen gähnten, sind moderne Geschäftshäuser und Verwaltungsgebäude emporgeschossen. Ich erinnere an den Neubau der Vereinsbank an der Holstenbrücke, ich erinnere an das Geschäftshaus der Vulkan-Kohlenhandelsgesellschaft an der Neuen Straße, ich erinnere an die Geschäftshäuser der Firmen Karstadt, Reese, Bohrer & Co., Brode und Danker an der Holstenstraße. Mit den für 1953 geplanten Großbauten für die Innenstadt: der Landesbank am Martensdamm, der Landesgenossenschaftsbank am Bahnhofsplatz, der Treuhandstelle am Lorentzendamm, des Sozialministeriums am Schloßplatz, der Kieler Wohnungsbau-Gesellschaft Ecke Dänische und Falckstraße, mit dem Neubau der Kepa zwischen Holsten- und Neue Straße und mit einigen anderen Neubauten an der Wille- und Holstenstraße beginnen sich die Wunden der Innenstadt langsam zu schließen. Eine der vordringlichsten Aufgaben der Zukunft wird dann die Sanierung der Altstadt und die endgültige Entscheidung über die Neugestaltung des Schlosses sein.

Einige der neuen Bauten dürften die Tatsache, daß in Kiel anständig und zeitgemäß gebaut wird, erneut unterstreichen – und das Gesicht der Innenstadt um ganz neue Züge bereichern. Auf dem gewerblichen Sektor verdienen besondere Beachtung: der Postneubau am Knooper Weg, der Bau von Werkhallen auf den Deutschen Werken, bei Howald und in der MaK, der Erweiterungsbau der Holsatiamühle und der Brotfabrik Lembcke, der Bau einer Großbunkeranlage der Firma Shell in der Wik und einer Tankanlage in der Neuen Straße, der Bau von Lagerräumen durch die Firma Krämer, der Neuaufbau der Karlstal- und der Metro-Lichtspiele, der Neubau des Seuchenschlachthauses und des Wohlfahrtsgebäudes auf dem Schlachthof, das neue Kesselhaus im Kraftwerk Wik, das neue Werkstattgebäude der Straßenreinigung, die neuen Umspannwerke in Pries und an der Waldwiese, die Gewächshäuser des Stadtgartenamtes in Kollhorst und die Instandsetzung des Nordhafens.

Von öffentlichen und halböffentlichen Bauten verdienen hervorgehoben zu werden: der Wiederaufbau einiger Universitätskliniken, der Neubau des Weltklubhauses, das Altersheim des Deutschen Roten Kreuzes auf dem Blocksberg, der Neubau der Landesbrandkasse an der Gartenstraße, der Neubau des Obdachlosenasyls am Kronshagener Weg, der Wiederaufbau des Stadtklosters und der Wiederaufbau der Kapelle auf dem Ostfriedhof, das Verwaltungsgebäude des evangelischen Kirchengemeindeverbandes an der Falckstraße sowie das Kolpinghaus und die katholische Kirche an der Schönkirchener Straße. Dazu kommt die Wiederherstellung von 63 000 m^2 Fahrbahndecke und von 15 000 m^2 Bürgersteigfläche. Im ordentlichen und außerordentlichen Haushalt für 1953 sind folgende Großbauten vorgesehen: der Aufbau oder Neuaufbau eines Versorgungsheimes, der Neubau eines Siechenheimes, der Bau eines zweiten Schwesternhauses für das Krankenhaus, der Ausbau des Kühlhauses auf dem Schlachthof, der Wiederaufbau der Schweinemarkthalle, der erste Bauabschnitt für den Wiederaufbau einer Hauptfeuerwache und der fünfte Bauabschnitt für den Wiederaufbau des Rathauses. Für den Ausbau der Stadtwerke sind 5,1 Millionen DM, für Grunderwerb 2,5 Millionen DM und für Tiefbauarbeiten 3 Millionen DM vorgesehen.

Und was, so werden Sie mit Recht fragen, ist auf dem Gebiet des Wohnungsbaus geschehen? Die kürzeste Antwort lautet: nicht genug! Wenn die Baukosten steigen und die Landesdarlehen um ein Drittel gesenkt werden, müssen die Leistungen der Stadt hinter denen des Vorjahres zurückbleiben. Aus diesem Grunde konnten im Jahre 1952 nur 2400 neue Wohnungen gebaut werden, gegenüber 4067 des Vorjahres.

Unter den Projekten, die trotzdem gebaut werden konnten, verdienen einige jedoch besondere Beachtung: die Erprobungsbauten der Landesregierung in Wellingdorf, wo im sogenannten Taktverfahren 192 Wohnungen neu gebaut werden, die Neubebauung des Großschadensgebietes zwischen Holtenauer und Gerhardstraße mit insgesamt 340 Wohnungen, der Jacobsenblock mit 80 Wohnungen, die Wohnungsneubauten der Kieler Wohnungsbau-Gesellschaft zwischen Lornsenstraße, Waitzstraße und Feldstraße mit 146 Wohnungen, an der Wahlestraße mit 108 Wohnungen, an der Pickertstraße mit 34 Wohnungen und an der Virchowstraße mit 36 Wohnungen.

Durch diese Schwerpunktbildung, die wir seit Jahren systematisch betreiben, sind viele Wohnbezirke der Stadt wieder in einen friedensmäßigen Zustand versetzt worden. An allen Ecken und Enden waren und sind die Bürger unserer Stadt, wie Sie sehen, Zeugen der wirtschaftlichen und moralischen Wiedergeburt Kiels, an allen Ecken und Enden stolpern sie über Zeugnisse eines neuen Lebens.

Viel bleibt noch zu tun: Wer nur dieses äußere Bild auf sich wirken läßt, der könnte leicht zu der irrigen Auffassung kommen, die schlimmsten Wunden des Krieges wären bereits verheilt. „Ich glaube“, so sagte beispielsweise der Abgeordnete von Hassel im Schleswig-Holsteinischen Landtag, „wenn man durch unsere Landeshauptstadt fährt und sich einmal alles ansieht, dann kann man doch ein erfreuliches Zeichen des Aufstiegs feststellen. Die Straßen der Stadt sind in einem großen Umfang wieder in Ordnung gebracht worden. Die Verkehrsverhältnisse sind ausgeweitet und verbessert worden, die Straßenbahnen bei Ihnen machen einen durchaus ordentlichen Eindruck. Wir hören vom Ausbau des großen Kraftwerks in der Wik. Meines Wissens ist es ein städtischer Betrieb: ich weiß es nicht genau, glaube mich aber richtig zu erinnern. Ich glaube, daß die Versorgungsbetriebe hier gestärkt worden sind. Wir sehen, daß man den Wiederaufbau des Theaters nunmehr hoffentlich zu einem endgültigen Abschluß bringen wird, wir sehen, daß man das Rathaus laufend instandgesetzt hat, wir sehen, was drüben auf dem Ostufer passiert. Wir sehen doch überall ein wirklich erfreuliches Leben und Treiben. Wenn Sie diese ganzen Bilder einmal durch Kiel verfolgen, dann müssen Sie, so glaube ich, schon zugeben, daß hier Dinge geschehen, die beachtlich sind, wenn man auf der anderen Seite die Not Deutschlands gegenüberstellt."

Was der flüchtige Betrachter allerdings nicht sieht und nicht sehen kann, das ist der unerhörte Nachholbedarf, vor dem die Landeshauptstadt steht, das ist das verschleierte Defizit, das sich in der Summe der nicht erfüllten wirtschaftlichen und sozialen Aufgaben der Landeshauptstadt ausdrückt. Was der flüchtige Betrachter nicht sieht und nicht sehen kann, das sind die 21 000 Arbeitslosen, das ist das völlig unzureichende Wirtschaftsfundament unserer Stadt. Wir gleichen immer noch Wanderern im Moor, meine Damen und Herren! Der Boden unter unseren Füßen schwankt! Die wirtschaftliche Gesundung der Stadt ist noch nicht annähernd erreicht. Von dem, was noch nicht getan ist, pflegen wir Kieler im allgemeinen nicht viel zu reden. Wir ziehen es vor, in Ruhe zu planen und zu arbeiten. Heute, wo Schweigen nicht nur Gold ist, sondern offensichtlich Gold kostet, scheint es mir jedoch notwendig, einen Blick hinter die Kulissen der Stadt zu tun. Nur wenn wir uns bemühen, die Situation der Landeshauptstadt ganz nüchtern, ganz real, ganz unvoreingenommen zu sehen, werden wir uns über das Maß ihrer Hilfsbedürftigkeit verständigen können.

Was zunächst den Nachholbedarf und den unvermeidlichen Ausbau angeht: Nach der Reihenfolge der Dringlichkeit geordnet, liegt der größte und vordringlichste Nachholbedarf auf folgenden Gebieten: 1. Schaffung von 20 000 Arbeitsplätzen, und als Vorleistung: Ausbau der kommunalen Versorgungsbetriebe, vor allem der Stadtwerke. 2. Bau von 15 000 neuen Wohnungen, wobei der Bau billiger, für das Wohnungsamt frei verfügbarer Wohnungen an der ersten Stelle zu stehen hat. 3. Bau von Schulen und Turnhallen. Ich habe lange geschwankt, ob diese Aufgabe nicht an die zweite Stelle gehörte, weil die Zukunft unserer Kinder von ihr abhängt und weil sie uns voraussichtlich länger auf den Nägeln brennen wird als der Bau von Wohnungen. Ohne ein gutes Elternhaus, ohne ein menschenwürdiges Heim kann jedoch auch die beste Schule nicht voll zur Geltung kommen. Ich hoffe deshalb, unsere Stadtschulrätin wird mir diese Zurücksetzung verzeihen. Der größte Nachholbedarf liegt weiter auf folgenden Gebieten: Wiederaufbau und Ausbau des Hafens, Wiederaufbau des Schlachthofes, Wiederinstandsetzung und Ausbau der Straßen, der Brücken, der Kanalisation und der Straßenbeleuchtung, Wiederaufbau und Ausbau von Sozialeinrichtungen; das Krankenhaus muß ausgebaut, das Gesundheitsamt und mehrere Altersheime müssen neu gebaut werden, Wiederaufbau der Hauptfeuerwache und von Unterkünften für die Verwaltung, Wiederaufbau von Jugendheimen, Stadtbüchereistellen, Museen und Neuregelung des Verkehrs; vor allem Ausbau der wichtigsten Verkehrsstraßen, Errichtung eines Omnibusbahnhofes und Schaffung von Parkplätzen. Die Schaffung von 20 000 Arbeitsplätzen, von der vorerst die Rede war, geht über unsere Kraft. Auf dieses Problem werde ich seiner zentralen Bedeutung wegen später gesondert zu sprechen kommen . . .

Seit 1945 wurden für die Trümmerbeseitigung und für die Beseitigung von Kriegsschäden am städtischen Vermögen rund 75 Millionen RM und 47 Millionen DM ausgegeben. Insgesamt dürften die Bürger Kiels durch Kriegs- und Kriegsfolgelasten mit einigen hundert Millionen DM belastet werden . . .

Kiels größte Sorge: die wirtschaftlichen Hemmungen: Weit wichtiger aber als alle unerfüllten Aufbauwünsche ist jedoch das wirtschaftliche Unvermögen der Stadt. Gäbe es in Kiel eine gesunde und aufblühende Wirtschaft, wie beispielsweise in Hannover oder in Stuttgart, die künftigen Aufgaben würden der Stadtvertretung und Stadtverwaltung nur halb soviel Sorgen machen. Leider ist die Wirtschaft unserer Stadt krank. Sie atmet, wir können das nicht oft genug sagen, nur auf einem Lungenflügel. Kiel wurde, um es ganz deutlich auszusprechen, in den ersten Jahren nach dem Kriege künstlich am Leben erhalten. Der heutige Zustand Kiels gleicht immer noch dem eines Schwerkranken, der die schwerste, lebensgefährliche Krise mit Mühe überstanden hat. Wie empfindlich die Wirtschaft Kiels für die geringsten Erschütterungen ist, beweisen die Auswirkungen der leisen wirtschaftlichen Depressionen im Bundesgebiet.

Die radikalen Sparmaßnahmen der Bundesbahn würden, wenn sie nicht wenigstens zum Teil aufgefangen werden können, 700 Arbeitern und Angestellten der MaK den Arbeitsplatz kosten. Auch andere Betriebe sind bereits zu Einschränkungen gezwungen, und einige tausend Werftarbeiter leben wieder in der Gefahrenzone. Die Kette reißt, wie Sie sehen, immer an der schwächsten Stelle. Wie sich im Gebälk zahlloser Wohnhäuser der Schwamm eingenistet hat, so sitzt der Schwamm auch im Gebälk unserer Wirtschaft. Um die bedrohliche Lage der Stadt ganz zu begreifen, ist ein kurzer Rückblick auf die Nachkriegsentwicklung unerläßlich.

Die drei Etappen des Neuaufbaus: Kiels wirtschaftlicher Neuaufbau ist, wenn ich die Tatsachen der besseren Verständlichkeit wegen vereinfachen darf, in drei Etappen vor sich gegangen. In der ersten Etappe litten wir an der englischen Krankheit. Die Gründlichkeit, mit der Werkstätten und Industrieanlagen demontiert und zerstört wurden, finden kaum ihresgleichen im Bundesgebiet. Durch Krieg, Demontage und Entmilitarisierung wurden insgesamt 60 000 Arbeitsplätze zerstört. Die Katastrophe, die damit für die Kieler Wirtschaft heraufbeschworen wurde, wurde durch die Dezimierung der Bevölkerung, durch Notstandsarbeiten und durch Anforderung der Besatzungsmacht verschleiert. Die Zahl der Einwohner war, ich sagte es schon, auf 157 000 zusammengeschrumpft. 12 000 Arbeiter und Angestellte fanden bei der Besatzungsmacht Unterschlupf. Tausende waren mit der Räumung der Stadt, mit der Instandsetzung der Wohnungen und mit dem Wiederaufbau der Versorgungsanlagen beschäftigt. Indem wir Tausende zur Großräumung und zum Wiederaufbau heranzogen, gaben wir ihnen den Glauben an die Zukunft Kiels zurück, brachten wir ein wenig Hoffnung in das düstere Bild der Stadt. Heute führen die schönen begrünten Flächen oft zu falschen Schlüssen. Der Uneingeweihte übersieht, daß auf diesen begrünten Flächen einst ein Teil unserer Wirtschaftskraft und unserer Lebensgrundlagen gestanden hat.

In der zweiten Etappe mußten wir uns notgedrungen auf die Förderung von Handel und Gewerbe und auf den Aufbau der Innenstadt beschränken; denn das Industriegelände auf dem Ostufer blieb gesperrt. Trotzdem gelang es, alle Zuwanderungen, alle von der Besatzungsmacht zurückflutenden Arbeitskräfte durch neu geschaffene Arbeitsplätze aufzufangen. 20 000 Arbeitsplätze wurden bis heute geschaffen. Um jeden Arbeitsplatz mußte in Kiel im wahrsten Sinne des Wortes gekämpft werden. Ich erinnere an die Gründung der MaK, ich erinnere an die Errichtung des Seefischmarktes. Howaldt kämpfte sich Schritt für Schritt zum Schiffsneubau durch. Die Lindenau-Werft, zahlreiche kleinere und mittlere Betriebe wurden in dieser Etappe aufgebaut.

Als Ergebnis dieser vielfältigen Bemühungen ist festzustellen: Die Zahl der Arbeitslosen ging zurück. Sie lag im Herbst 1952 um 5000 unter dem früheren Stand. Ende Februar 1953 hatten wir 4000 Arbeitslose weniger als im Vorjahr. Die Eisen- und Metallindustrie hat die Zahl der Beschäftigten seit 1949 von 14 000 auf 20 000 erhöht. Sie ist damit wieder an die erste Stelle aller Wirtschaftsgruppen getreten. Die Gruppe öffentliche Dienste, die bis auf 25 600 Beschäftigte heraufgeschnellt war, ist auf 17 000 zurückgegangen. Ein deutliches Zeichen wirtschaftlicher Gesundung. Aber die tiefe Wunde auf dem Ostufer blieb unvernarbt. Wichtige Großbetriebe, die gern nach Kiel gekommen wären, mußten sich einen anderen Standort suchen. Erst in den Jahren 1950 und

1951 erfolgte die schrittweise Freigabe des Ostufers.
Der Aufbau des Ostufers, der nach der Freigabe einsetzte, das war der Beginn der langersehnten dritten Etappe. Sie wurde mit großem Elan und mit dem Einsatz erheblicher Mittel begonnen. Bund und Land haben Millionen in diesen Wiederaufbau investiert. 2000 Menschen fanden fürs erste Arbeit und Brot. Es gab selbstverständlich auch Anlaufschwierigkeiten. Aber der Gesundungsprozeß ist im Gange. Mit der Konsolidierung der auf dem Industriehof angesetzten Betriebe soll der zweite Abschnitt im Aufbau des Ostufers beginnen.
Kiels Industriegelände erneut blockiert: Ausgerechnet in diesem Stadium brach die Blanksche Krankheit* aus. Sie finden diese Krankheit noch nicht im Medizinischen Wörterbuch. Sie ist auch nicht ganz so gefährlich wie die schwereren Formen der englischen Krankheit, die die Struktur, das Knochengerüst der Wirtschaft, unheilbar angreift. Auf die Dauer muß jedoch auch sie zu wirtschaftlicher Schwächung, zur Störung des wirtschaftlichen Blutkreislaufs führen. Sie isoliert nämlich allen Bundesbesitz in Kiel und entzieht ihn dem beschleunigten Wiederaufbau. Mehrere Firmen, die sich in Kiel ansiedeln wollten, haben sich wegen der Ungewißheit, die auf dem Kieler Industriegelände lastet, in den letzten Monaten anders orientiert.
Dem Wirtschaftsaufbau in Kiel haftet, wie Sie sehen, nach dem Zweiten Weltkrieg zwangsläufig etwas von Stadt, Land und Bund Beeinflußtes und Gelenktes, wenn Sie wollen: etwas Künstliches an. Es war unmöglich, die Wirtschaft sich selbst zu überlassen. Man mag das bedauern, aber man muß es sehen und respektieren. Und man sollte daraus die Lehre ziehen, daß man einen Kranken nicht vorzeitig sich selbst überlassen darf. Ohne eine bevorzugte Lenkung von Investitionsmitteln auf das Notstandsgebiet des Ostufers, ohne eine bevorzugte Vergabe von Aufträgen der öffentlichen Hand an die hilfsbedürftigen Betriebe ist der Wiederaufbau der Kieler Wirtschaft unmöglich. Ohne die Stimulation, ohne die Kräftigungsmittel der Wirtschaftsdarlehen, der Kriegsschädenmittel und der Landeszuschüsse vermag die Kieler Wirtschaft noch nicht zu leben.
Die wirtschaftliche Situation Kiels erfordert also zwingend Hilfsmaßnahmen. Im Gegensatz zu den früheren Jahren hat die Landeshauptstadt heute den größten Prozentsatz an Arbeitslosen in Schleswig-Holstein. Es besteht die begründete Gefahr, daß die Zahl der Arbeitslosen in den nächsten Wochen und Monaten nicht sinkt, sondern noch erheblich ansteigt.
Eine Entziehungskur, und sei es nur eine finanzielle, müßte in diesem Augenblick verheerende Folgen haben. Sie müßte die Lawine der Arbeitslosigkeit beschleunigen. Schon aus arbeitsmarktpolitischen Gründen sollte alles getan werden, um die Stadt in ihrer Funktion als Auftraggeber zu stärken. Die Stadtverwaltung wird alle Bauvorhaben beschleunigen, damit ein Teil der rückläufigen Entwicklung der Maschinenindustrie durch das Baugewerbe aufgefangen werden kann. Dasselbe sollte die Landesregierung für ihre Kieler Bauprojekte tun. Und es sollte gemeinsam überlegt werden, durch welche Maßnahmen von Bund, Land und Stadt die verhängnisvolle Entwicklung, die sich neuerdings ankündigt, aufgehalten werden kann. Wir sollten nicht übersehen, daß schon heute 20 % aller Arbeitsfähigen und Arbeitswilligen arbeitslos sind und daß über 1/3 aller Einwohner unserer Stadt von Renten und öffentlichen Unterstützungen lebt. Sie sehen, meine Damen und Herren: Unsere Wirtschaft ist unser Schicksal. Wir brauchen dringend Arbeitsplätze für 20 000 Arbeitslose. An diesem archimedischen Punkt sollen deshalb alle Bemühungen um den Neuaufbau und die Neugestaltung unserer Stadt ansetzen.
Flucht in die Vergangenheit ist kein Ausweg: Ich kann es verstehen, wenn der eine oder andere auf

* Anspielung auf Theodor Blank, seit 1951 Sicherheitsbeauftragter der Bundesregierung. Gayks Äußerungen zu den Auswirkungen der bevorstehenden Wiederbewaffnung der Bundesrepublik lösten noch eine Debatte in der nachfolgenden Sitzung der Ratsversammlung vom 16. 4. 1953 und in den Kieler Nachrichten vom 17. und 25. 4. 1953 aus. Fazit in den KN: „Über den Kern der Frage Marine und Aufbau des Ostufers besteht durch den Verlauf der Auseinandersetzungen nunmehr Klarheit. Das Problem lautet nicht Marine oder Friedenswirtschaft, sondern Marine und Friedenswirtschaft. Über diese Zielsetzung herrscht jetzt Einigkeit, und es bestehen allenfalls Gradunterschiede in der Betonung" (d. Hrsg.).

den abwegigen Gedanken kommt, Kiel müsse seine alte Funktion als Marinestadt zurückgewinnen, um sich wirtschaftlich zu sanieren. Mit anderen Worten: Kiel müsse, wie in der Vergangenheit, sein Schicksal mit dem des Bundes und mit der Aufrüstung verbinden, um die wirtschaftlichen Schwierigkeiten zu überwinden. Diese Auffassung liegt zu nahe, als daß sie nicht von einzelnen Bürgern der Stadt erwogen werden sollte. Aber gerade weil sie sich von selbst anbietet, ist es notwendig, ein ernstes Wort zu diesem Thema zu sagen.

Zunächst einmal folgendes: Die strategische Situation hat sich seit dem Zweiten Weltkrieg grundlegend geändert. Vor dem Zweiten Weltkrieg war die Ostsee ein deutsches Binnenmeer. Heute liegt Kiel für Flugzeuge wenige Sekunden von der Zonengrenze entfernt. Eine Rückkehr zu den Vorkriegsverhältnissen ist schon aus diesem Grunde nicht möglich. An einer Tatsache läßt sich nun einmal nicht drehen und deuteln: Es gibt keine gesunde krisenfeste Wirtschaft in Kiel ohne das breite Fundament einer echten Friedenswirtschaft. Die Stadtvertretung war deshalb gut beraten, als sie sich im Jahre 1946 entschloß, das Hauptgewicht auf den Aufbau und die Entwicklung einer solchen Friedenswirtschaft zu legen. Dieser Kurs, der nach dem Zusammenbruch von allen Bürgern der Stadt aus ehrlichem Herzen gebilligt wurde, ist bisher konsequent eingehalten worden. Er sollte auch in Zukunft die Richtschnur für unsere stadteigenen Bemühungen sein.

Um Mißverständnisse zu vermeiden: Niemand von uns übersieht die bedrohlichen Spannungen in der Weltpolitik. Niemand leugnet die permanente Drohung der Diktaturen im Osten. Jeder von uns weiß, und der Flüchtlingsstrom aus dem Osten beweist es uns täglich, daß die Freiheit das höchste Gut ist und daß der ärmste Einwohner der Bundesrepublik in dieser Hinsicht besser dran ist als der fetteste Bonze in der Sowjetzone. Keiner von uns gibt sich der Illusion hin, daß die Entscheidungen der Weltmächte, daß die Entscheidungen der Bundesrepublik ausgerechnet Kiel unberührt lassen könnten. Kiels Schicksal ist also zweitens seine naturgegebene Lage. Diese Lage wird ihm auch in Zukunft Pflichten aufbürden, die im Interesse des Ganzen unabwendbar sind.

Aber: Um diese Frage geht es nicht. Es geht um die Frage, wieweit der Bund in seiner Politik auf das Eigenleben der Bürger dieser Stadt Rücksicht zu nehmen hat. Es geht vielmehr um die Frage, ob die Dienststelle Blank die Fehler der Vergangenheit wiederholen will, oder ob nicht, wie wir glauben, eine sinnvolle Verständigung über den künftigen Wiederaufbau Kiels möglich ist. Bis heute ist die Stadt Kiel mit ihren Vorstellungen und Wünschen nicht durchgedrungen. Ich werde das Gefühl nicht los, daß viel nebeneinander und durcheinander disponiert wird und daß den Lebensinteressen der Stadt dabei nicht die Bedeutung zugemessen wird, die ihnen zukommt. Vielleicht ergeben sich Möglichkeiten für ein fruchtbares Gespräch, sowie die politischen Voraussetzungen sich geändert haben. Im Interesse beider Partner wäre das dringend zu wünschen.

Angesichts dieser Situation ist es mit der Würde der Stadt nicht vereinbar, wenn wir uns dem Wettrennen der Städte anschließen wollten, die in den Vorzimmern in Bonn herumscharwenzeln. Was wir zu sagen haben, wird den verantwortlichen Männern und Ministern, oder es wird öffentlich gesagt werden.

Eines wollen wir gerade heute nicht verschweigen: Wäre beim Aufbau der Kriegsmarine mehr Rücksicht auf die Friedensbedürfnisse unserer Stadt genommen worden, dann wäre der Absturz in den Abgrund der Nachkriegskatastrophe nicht halb so tief gewesen. Weil wir mit unserem Leben und unserer ganzen kommunalen Existenz einmal für das Reich einstehen mußten, deshalb sollte das Reich heute für uns einstehen. Weil wir am eigenen Leibe schmerzlich erfahren haben, wohin die einseitige Militarisierung einer Stadt führt, deshalb haben wir ein Recht zu fordern, daß diesmal auch auf die Friedensbedürfnisse dieser Stadt ausreichend Rücksicht genommen wird.

Entschuldigen Sie, meine Damen und Herren, daß ich soviel von den Schattenseiten unseres Daseins habe reden müssen. In Moll zu reden, das liegt mir im allgemeinen nicht. Aber es war notwendig, um der Öffentlichkeit und den verantwortlichen Instanzen ein ungeschminktes Bild von der Lage Kiels zu vermitteln. Auch wenn wir, wie Herr von Hassel meinte, die Not in Deutschland unserer eigenen Not gegenüberstellen, bleibt die Rech-

nung für Kiel, wie Sie gesehen haben, ungünstig genug.
Es gibt wenige Städte, die durch den Krieg in eine so hoffnungslose Ausgangsstellung zurückgeworfen wurden wie Kiel. Es gibt wenige Städte, deren Wirtschaftsgrundlagen so systematisch zerstört, deren wirtschaftlicher Wiederaufbau mit einer so liebevollen Sorgfalt gehemmt und behindert wurde, wie ausgerechnet Kiel. Es gibt aber auch wenige Städte, deren Bürger einen so unbeirrbaren Lebenswillen und – bisher wenigstens – eine so vorbildliche Opferbereitschaft bewiesen haben.

Von der ersten Stunde an, in der es in Kiel wieder eine Selbstverwaltung gab, haben die Bürger dieser Stadt freiwillig Lasten auf sich genommen, zu denen andere Städte sich erst sehr viel später und unter dem leisen Druck der Aufsichtsinstanzen entschlossen haben. Die Bürger unserer Stadt haben das getan aus Liebe zu ihrer Vaterstadt. Oder sie haben es getan aus Dankbarkeit für die Stadt, in der sie wieder eine neue Heimat gefunden haben. Sie werden es auch in Zukunft tun. Denn sie wissen, daß der Aufbau in keiner Stadt so schwierig und mit einem solchen Risiko verbunden ist wie in Kiel. Und sie wissen ebenfalls, daß alle diese Opfer ihnen, ihren Kindern und Kindeskindern zugute kommen werden. Damit, verehrte Anwesende, schließt sich der Ring unserer Betrachtungen . . .
Kiels einzige Forderung: Gleiche Chancen für die Landeshauptstadt. Die Bürger Kiels sind eine einzige große Schicksalsgemeinschaft. Sie fordern für sich keine Begünstigungen und keine Vorrechte. Sie fordern nur den gleichen Start, die gleichen Chancen für alle. Gibt man Kiel die gleiche Ausgangsstellung und die gleichen Chancen, dann ist uns um den Aufstieg Kiels nicht bange, dann wollen wir uns im friedlichen Wettkampf der Städte mit Freuden behaupten.
Der freie Raum für schöpferische kommunalpolitische Arbeit ist in Kiel nie sehr groß gewesen. Er hat sich in den letzten Jahren mehr und mehr verengt. Der Aufbau Kiels war deshalb letzten Endes keine finanzielle, er war in entscheidendem Maße auch eine geistige Leistung. Der Glaube an die Zukunft dieser Stadt hat in den ersten Nachkriegsjahren Trümmerberge versetzt. Der Glaube an die Zukunft Kiels wird auch die Schwierigkeiten bewältigen, die heute noch vor uns liegen. Gewiß: auf dem brüllenden Ozean des Lebens ist unsere Stadt nur ein kleines hilfloses Wrack. Auf einem kleinen, hilflosen Wrack haben unsere Vorfahren den Ozean überquert. Wir wollen ihnen an Mut und Entschlossenheit nicht nachstehen. Wenn jeder fest mit zupackt, dann werden auch wir das Ziel unserer Reise erreichen.

Dokument II: Die neue Stadt Kiel

Ein Beispiel für die Wandlung des Stadterlebnisses, Aufsatz von Stadtbaurat Herbert Jensen

Die Erscheinungsformen der Städte haben sich seit der Antike, die Erscheinungsformen der deutschen Stadt im besonderen seit dem Mittelalter stark gewandelt. Die meisten deutschen Städte sind um einen mittelalterlichen Stadtkern herum nach allen Himmelsrichtungen gewachsen. Der heutige Gesamteindruck wird durch eine meist regellos und zufällig entstandene dichte Mischung älterer und jüngerer Bauepochen gebildet. Kaum eine größere Stadt läßt noch einen vorherrschenden Ordnungsgedanken erkennen, obwohl ein solcher fast überall der ursprünglichen Stadtbildung zugrunde gelegen hat. Die Folgen sind ein äußerst störender Mangel an Verkehrsorientierung und höchst verwirrend wirkende Stadtbilder.
Seitdem im Jahre 1935 das Stadtplanungsamt gegründet wurde, ist die Stadt Kiel bemüht, ihrem verunstalteten Gesicht einen gepflegteren Ausdruck zu geben, oder besser gesagt, etwas von den freundlichen Zügen zurückzugewinnen, die das Gesicht dieser Stadt ursprünglich gehabt hat.
Von alten Bildern wissen wir, daß die Stadt Kiel, ein um 1240 gegründetes Gemeinwesen, sich auszeichnete durch eine hervorragend gewählte geographische Lage an der tief ins Land einschneidenden Bucht der Kieler Förde.
Vor gut 100 Jahren war es noch möglich, die Stadt aus der Ferne als Gesamterscheinung, als Ganzes mit einem Blick zu erfassen und zu erleben. Und wer vom Holstentor her den Marktplatz betrat, begriff sofort den gesamten einfachen Organismus der kleinen Stadt, dessen Herz am Alten Markt schlug. Welch ein liebliches Bild bot die auf einer kleinen Halbinsel zwischen Förde und Kleinem Kiel gelegene Stadt! Der Stadtkörper wurde wirkungsvoll beherrscht von der die Stadtmitte bezeichnenden Baumasse der alten Nikolaikirche und an der nördlichen schmalen Landverbindung geschützt von dem trutzigen Bau des Schlosses, der alten Burg. Aber das Wertvollste war, daß diese kleine, mit einem Blick überschaubare Stadt noch mit der umgebenden Natur verbunden war. Die sanfte holsteinische Hügellandschaft mit herrlichen Buchenwäldern an der blauen Ostsee umschloß die kleine Stadt so eng, daß allen Bewohnern dieses „Landstadt"-Erlebnis stets zugänglich war.
Der Verlust dieses Erlebnisses charakterisiert am besten die veränderte Lage der Stadtbewohner nach der wirtschaftlichen und städtebaulichen Entwicklung im 19. Jahrhundert. Nicht nur in Kiel, sondern in allen Großstädten wurde diese Trennung der Menschen von der Naturlandschaft mehr und mehr als ungesund und bedrohlich empfunden. Ihre Folgeerscheinungen wurden zum Ausgangspunkt für entscheidende städtebauliche Reformideen. Nach dem Ersten Weltkriege führten in Kiel die ersten Bemühungen um Schaffung eines „Grüngürtels" und um die Förderung des „gartenstädtischen" Wohnens zum Erfolg.
Nach dem Zweiten Weltkriege mußten die damals bereits vorhandenen Pläne zur grundlegenden städtebaulichen Erneuerung der Stadt Kiel durch einen umfassenden Umbau der Innenstadt unter völlig veränderten politischen und wirtschaftlichen Verhältnissen entsprechend ergänzt werden. Bereits während des Krieges wurden die Pläne den fortschreitenden Zerstörungen angepaßt; nach dem Kriege erfuhren sie besonders im Hinblick auf die erstrebenswerte Auflockerung der Stadt und die notwendige Verbesserung der Verkehrsverhältnisse eine erhebliche Erweiterung in der Zielsetzung.
Durch drei planerische Maßnahmen soll erreicht werden, den Stadtkörper, dessen Aufbau nicht mehr wie vor 100 Jahren mit einem Blick zu erfassen ist, für den Menschen erkennbar zu ordnen:
1. Durch Aufgliederung der zu unübersichtlichen Stadtkörpermasse in einzelne, durch Grünflächen voneinander getrennte, in sich abgeschlossene

Stadtteile. Die Aufgliederung durch Grünflächen ist aus dem Flächennutzungsplan und dem Aufbauplan zu erkennen. Unter Ausnutzung der Kriegszerstörungen wurden radial geführte Grünzüge neu angelegt, die eine Trennung der Baugebiete bewirken und das zusammenhängende Netz der Grünflächen wirkungsvoll ergänzen. Dadurch ist zugleich die Voraussetzung geschaffen für den Ausbau eines Systemes von Fußwegverbindungen sowie für die Anlage von Kinderspielplätzen und Ruheplätzen abseits der Verkehrsstraßen.

2. Durch einfache und klare Grundrißgestaltung des Verkehrsstraßennetzes, das die Verkehrsorientierung erleichtert.

Die Einfachheit des neu geordneten Verkehrsstraßennetzes wird am leichtesten verständlich aus einer schematischen zeichnerischen Darstellung. Die Fernverkehrsstraßen treffen sich am äußeren Verteilerkreis im Süden der Stadt, während die Nahverkehrsstraßen der Innenstadt am inneren Verteilerkreis („Berliner Platz") verknotet sind.

3. Durch gute räumliche Ordnung und städtebaulich-architektonische Gestaltung der Aufbaugestaltung, die auf die Eigenart der bewegten Fördelandschaft und den Charakter der Seehafenstadt besondere Rücksicht nimmt.

Räumliche Ordnung und städtebauliche Gestaltung sind wahrscheinlich am sinnfälligsten zu demonstrieren an der „Raumfolge" der Innenstadt, als dem Mittelpunkt des gemeindlichen Lebens. Wer sich die Mühe macht, aus eigener Anschauung und Erfahrung darüber Klarheit zu gewinnen, worin eigentlich das Erleben einer Stadt im wesentlichen besteht, der wird erkennen, daß die Eigenart einer Stadt vor allem im Herzen der Stadt, im Brennpunkte des öffentlichen Lebens ihren Ausdruck findet. Bestimmend für die charakteristischen Wesensmerkmale einer Stadt ist die Erscheinungsform der Stadtmitte, der „City". Früher war der Platzraum des alten Marktes mit abgebrochenem Rathaus und Ballhaus sowie der Kirche der einzige Mittelpunkt des Gemeinschaftslebens, heute aber wird das dem ausgedehnten Stadtkörper entsprechend erweiterte Herz der Stadt durch ein lockeres Gefüge von Platz- und Straßenräumen gebildet. Wo es gelingt, diese Räume ihren Funktionen angemessen in sinnvolle Beziehung zueinander und zur umgebenden Landschaft zu bringen, und architektonisch eindrucksvoll zu gestalten, wird die Stadt als „Kunstwerk" empfunden. Was das Erlebnis der Stadtmitte heute überall stark beeinträchtigt, ist die übertriebene Beherrschung des Stadtbildes durch die nervöse Unruhe des motorisierten Verkehrs, der die Aufmerksamkeit der Menschen viel zu stark für sich in Anspruch nimmt und so von anderem Erleben ablenkt. Erst die Zurückgewinnung der Stadtzentren für den Fußgänger durch zunehmende Schaffung reiner Fußgängerbezirke (wie z. B. die Holstenstraße und die neuen Fußwege) wird das „neue Stadterlebnis" ermöglichen.

Der neuen Ordnung und Gestaltung der Kieler Innenstadt liegen die folgenden Gedanken zugrunde: Während die Umgebung des Hauptbahnhofes das „Zentrum des öffentlichen Verkehrs" darstellt, beginnt am Sophienblatt die Geschäftsstadt, die bis zum Holstenplatz mit einer Anzahl von Verwaltungsgebäuden überlokaler Bedeutung durchsetzt ist, wozu wir auch die Ostseehalle mit ihrem Freigelände rechnen können. Die Hauptverkehrsader erweitert sich am Holstenplatz zwischen Andreas-Gayk-Straße und Holstenstraße zu einem aufnahmefähigen „Empfangsplatz". Von hier aus führen Andreas-Gayk-Straße und Holstenstraße ins „Geschäftszentrum" Holstenbrücke bis zum Alten Markt und Dänische Straße. Westlich des „Knotenpunktes Berliner Platz" liegt das Bankenviertel und das „Verwaltungszentrum im Grünen" am Kleinen Kiel. Nördlich davon am Schloßgarten soll sich künftig unter Einschluß der Universität das locker gestaltete „Zentrum des kulturellen Lebens" anschließen und die Überleitung bilden zur Uferlandschaft mit den Zielpunkten Landesregierung, Wassersportanlagen und sonstigen Erholungsstätten. Helle, lichte Weiträumigkeit, frische, farbenfrohe Freundlichkeit und lebensfrohe Differenzierung hoher und niedriger Baumassen sollen das Stadtbild anziehend gestalten. Die Einbeziehung des Hafens und der hügeligen Landschaft in das Bild der inneren Stadt sollen das Erlebnis der modernen frei und ungezwungen gestalteten „Stadtlandschaft" vermitteln, die das Erlebnis der „Landstadt", das wir verloren haben, zum Vorbild hat und in neuen Formen weiterführt.

I Bilder vom Tage

Die Kieler Altstadt vor der Kriegszerstörung; Luftbildaufnahme um 1925, Blickrichtung nach Südwesten (1).

Die durch Spreng- und Brandbomben zerstörte südliche Altstadt. Luftbildaufnahme nach dem 22. Mai 1944. Im Vordergrund blickt man auf die stark in Mitleidenschaft gezogene Nikolaikirche; das alte Rathaus ist nur noch ein Trümmerhaufen, die Persianischen Häuser sind gänzlich verschwunden und die Geschäftsbauten so verwüstet, daß ein Verkauf nur noch notdürftig, z. T. aus Verkaufswagen, wie sie auf dem Alten Markt zu sehen sind, möglich ist. Die Bombenangriffe, die Kiel vor allem seit 1943 mit voller Wucht trafen, zeigten bei der engen Bebauung eine verheerende Wirkung. Insgesamt flogen die alliierten Bomberverbände 90 Angriffe auf Kiel, wobei der letzte am 4. Mai 1945 auch der letzte in dem von Hitler entfesselten Weltkrieg war (2).

Das brennende Kiel, Momentaufnahme aus der Innenstadt mit einem Blick vom Kleinen Kiel in die Willestraße am 13. 12. 1943. Der Warnposten im Rathaus vermerkte u. a. in seinem Tagebuch: „Ca. 100 feindliche Flugzeuge flogen die Stadt an und warfen eine größere Anzahl Spreng- und Brandbomben ab. Schwer mitgenommen wurden besonders: die Altstadt, z. B. Holstenstraße, Fleethörn, Treppen-, Rathaus-, Dammstraße, Exerzierplatz, Gr. Kuhberg, Sandkuhle, Herzog-Friedrich-, Adelheidstraße, Prüne, Kehden-, Kant- und Möllingstraße. Weiter sind stark beschädigt bzw. zerstört das Rathaus, das alte Rathaus am Markt, die Heiliggeistkirche, Nikolaikirche, Stadttheater und das Kriegsschädenamt in der Waisenhofstraße . . ."(3.)

Kinder zeigten sich vom Elend offenbar weniger berührt als die Erwachsenen: hier eine Aufnahme spielender Kinder, die die sie umgebende Trümmerlandschaft an der Brunswiker-/Hospitalstraße nicht mehr wahrzunehmen scheinen; Sommer 1950 (4.)

Die Versorgung mit den lebensnotwendigen Gütern erforderte Organisationstalent und beim Zusammenbruch der öffentlichen Verkehrsmittel – Findigkeit bei der Lösung der Transportprobleme. Jeder schien ständig unterwegs zu sein und hielt die Augen offen, wo etwas zu hamstern, zu organisieren oder zu tauschen war. Der Ruck- und Kartoffelsack, Block- und Handwagen war ein Requisit jener Zeit. Bis zum Tage der Währungsreform am 20. Juni 1948 blühte in Deutschland der „Schwarze Markt“ (5).

Granaten als Kinderspielzeug . . ., Sommer 1949. In der Presse tauchten immer wieder Meldungen auf, daß Kinder und Jugendliche beim Spielen mit scharfer Munition tödliche Verletzungen oder bleibende körperliche Schäden davontrugen. Im Kampf gegen eine Verwahrlosung, Kriminalisierung und Verrohung der Jugend haben sich insbesondere die Hilfsorganisationen hervorgetan. Sie organisierten Zeltlager und Strandfahrten, nahmen sich „elternloser jugendlicher Wanderer" an, betreuten Heime und Beratungsstellen (6).

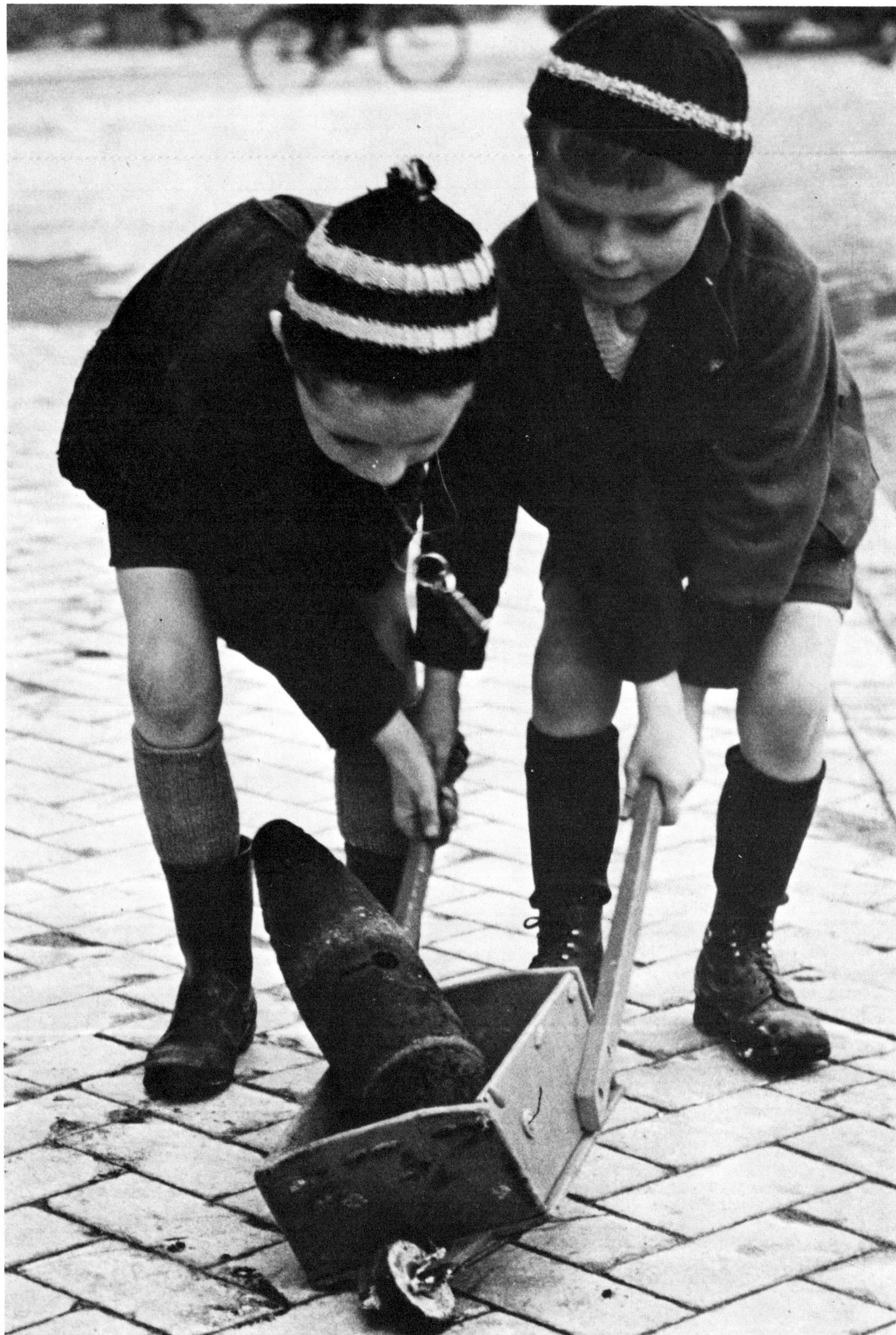

Der von Bomben zerstörte und verwahrloste St.-Jürgen-Friedhof am Sophienblatt als Kinderspielplatz, im Vordergrund das Grab des Balladendichters Carl Loewe. Wie sich 1952 herausstellte, entwickelte sich dieser Ort zu einem „Tummelplatz der Untugend" (Kieler Nachrichten), auf dem Kinder und Jugendliche Gräber und Grabkammern mit unglaublicher Gemütskälte plünderten und mit dem erbeuteten Altmetall einen schwunghaften Handel trieben (7).

Frauen – und Kinder – waren die Hauptleidtragenden dieser schweren Zeit; wie in den Kriegsjahren, so verrichteten sie auch jetzt „Männerarbeit" und zogen z. B. – wie auf diesem Foto aus dem Jahre 1948 – schwerbeladene Handkarren. Manchmal half ein freundlicher Polizist, und die Szene gab ein Motiv für einen Pressefotografen ab (8).

„Einen schwunghaften Handel mit verrosteten Stahlhelmen führen hier zwei echte Kieler Sprotten", hieß es 1949 bei der Veröffentlichung dieses Fotos in der Presse. Viele umgepreßte Stahlhelme kamen als Kochtöpfe und Bratpfannen wieder in den Handel (9).

In den strengen Nachkriegswintern war es schwierig, die heute kaum vorstellbaren Heizprobleme zu lösen. Das Organisieren von Kohle, die beim Transport oder Entladen von Eisenbahnwaggons „herunterfiel“, war eine tagtäglich geübte Praxis und wurde stillschweigend geduldet. Kam man hier nicht zum Zuge, blieb als letzte Möglichkeit, die Schlakkenfelder der Stadtwerke nach brauchbaren Resten zu durchwühlen (10 u. 11).

Ein Fahrzeug besonderer Bauart mit 1 Pferdestärke, aufgenommen 1950 und damals schon ein Kuriosum, das der Presse wert war, veröffentlicht zu werden. Kommentar: „Noch nie Benzinsorgen gehabt!"(12).

Pferdefuhrwerke gehörten durchaus zum gewohnten Bild des Innenstadtverkehrs. 1949 waren in Kiel nur rund 6000 Kraftfahrzeuge registriert, darunter ca. 2000 PKW, 2400 LKW und 1300 Motorräder. Benzin war rationiert, viele Autos fuhren zunächst mit einer Holzgasanlage (13).

Schleswig-Holstein war Flüchtlingsland geworden, nachdem die Massenflucht aus dem Osten Ende 1944 eingesetzt hatte. Im letzten Stadium des Krieges war das Land die einzige von den Armeen der Allierten noch freie Zufluchtstätte. Der Bevölkerungszuwachs von 1939 bis 1948 betrug 70 % und war damit weithin am höchsten von allen westdeutschen Ländern. In Kiel, das prozentual erheblich weniger neue Mitbürger aufnehmen mußte als das flache Land, war 1949 dennoch jeder fünfte der 250 000 Einwohner Flüchtling oder Evakuierter. Sie lebten hier meistens unter erbärmlichen Umständen in Baracken und Nissenhütten. Die Schleswig-Holsteinische Volkszeitung veröffentlichte das Foto im August 1950 mit der Unterzeile: „Blick aus einem Fenster im Flüchtlingslager an der Eckernförder Chaussee: Dort im Osten liegt unsere Heimat!" (14).

Auf dem Abstellgleis . . . Foto aus dem Jahre 1949. Die Räder, die einstmals „für den Sieg rollen“ sollten, standen still. Verkehr und Wirtschaft konnten nach dem Zusammenbruch nur in dem von den Siegermächten abgesteckten Rahmen wieder in Gang gebracht werden (15).

Die ersten englischen Soldaten hatten Kiel am 4. Mai 1945 erreicht; seither übten sie die Macht aus und bedienten sich dazu auch deutscher Stellen. Das Foto zeigt Vertreter der Kieler Stadtverwaltung beim Befehlsempfang durch die Militärregierung, 1946. Diese hatte zunächst ernstlich erwogen, große Teile der Bevölkerung zu evakuieren und die sie ehemals bedrohende Marinestadt zu einem Fischerdorf verkümmern zu lassen (16).

Die Willestraße/Ecke Fleethörn mit dem notdürftig reparierten Gebäude der Kieler Nachrichten, im Hintergrund das Howe-Haus. Vorne, wo sich die Wasserfläche befindet, steht heute das Gesundheitsamt (17).

Weihnachten 1951 im trostlosen Wartesaal des Kieler Hauptbahnhofs; von den Wänden ist der Putz gefallen, und die Fenster sind z. T. noch immer mit Brettern zugenagelt. Der Bahnhof diente nicht nur den Reisenden, sondern fungierte auch als Sammelpunkt der Einsamen und Obdachlosen der Stadt (18).

Notunterkünfte, aus Trümmersteinen, Brettern und Wellblech zusammengezimmert (19).

Nissenhütten auf dem Prof.-Peters-Platz am Westring, Winter 1951/52 (20). Es gehörte schon Lebensmut, Tatkraft und Hoffnung auf eine bessere Zukunft dazu, in dieser deprimierenden Umwelt nicht zu verzweifeln. „Die Menschen hausten damals zu einem großen Teil in Höhlen und Löchern", vermerkt die städtische Aufbauchronik „Bürger bauen eine neue Stadt" aus dem Jahre 1955.

Besonders grausam war der Winter 1946/47 mit seiner klirrenden Kälte. Eine gewärmte Unterkunft gehörte zu den lebensnotwendigen Voraussetzungen, wollte man nicht den „weißen Tod“ erleiden. Viele Bäume, wie hier auch an der Wasserallee beim Schloßgarten, wurden heimlich abgeholzt und verschwanden in den Brennhexen und Kanonenöfen (21).

Blick vom Rathausturm nach Südosten über die geräumten Trümmerflächen und Nissenhütten auf dem Grundstück der heutigen Hauptpost. Sie dienten anfangs als Auffanglager für Flüchtlinge und obdachlose Jugendliche, wo sie untersucht, registriert und „mit viel Läusepulver“ überschüttet wurden (22).

In Kiel sind durch den Bombenkrieg über 80 % der Wohnungen total zerstört oder teilweise beschädigt worden. Für den Bewohner einer zugigen Notunterkunft konnte im Grunde „alles nur besser" werden (23).

Die Familien mußten – insbesondere in den Notunterkünften – auf kleinstem Raum zusammenrücken. 1948 kamen in Schleswig-Holstein durchschnittlich 2,3 Personen auf ein Zimmer, und für jeden Einwohner standen nur noch 4,2 qm Wohnraum zur Verfügung. Zeittypisch sind die im Zimmer aufgehängten Wäschestükke und Tabakblätter („Siedlerstolz"). Ausländische Zigaretten begründeten vor der Währungsreform eine eigene Zigaretten-Währung. Für „Camel" oder „Lucky Strike" konnte der eigene Tabakanbau im Garten oder Blumenkasten nur ein schwacher Ersatz zur Deckung des Eigenbedarfs sein (24 u. 25).

Die Trümmerfrauen wurden in Deutschland zu einem Symbol des beginnenden Wiederaufbaues. Sie bargen die erhalten gebliebenen Ziegel und Backsteine aus den Ruinen und säuberten sie von Mörtel und Zement. Meistens arbeiteten sie in Kolonnen, der Schutteimer oder Ziegel wanderte in langen Ketten von Hand zu Hand. Besonders erfolgreich war ein Aufruf der Stadtvertretung vom Frühjahr 1946, sich zur Beschleunigung der Aufräumungsarbeiten an Sonn- und Feiertagen im Rahmen des ehrenamtlichen Aufräumungsdienstes freiwillig zur Verfügung zu stellen. Auf diese Weise halfen seit Mai fast jeden Sonnabend und Sonntag je 400 bis 500 Arbeitskräfte aus allen Bevölkerungskreisen mit etwa 80 bis 100 LKW bei zusätzlichen Trümmerbeseitigungsarbeiten mit (26).

Rechts oben: Ein trotz starker Kriegsschäden bewohntes Mietshaus, 1948. „Die Häuser und Wohnungen wurden mit unzureichenden Handwerkskräften, mit minderwertigem Material, ohne Rücksicht auf die Witterung, ohne unentbehrliche Materialien wie Pappnägel, Teer, Klebemasse, Kalk und Holz wiederhergestellt . . . Was getan wurde, konnte nur Flickarbeit sein", hieß es in der Schrift „Bürger bauen eine neue Stadt" (27).

Blick aus der Ruine der Nikolaikirche über den Alten Markt auf den entstehenden Neubau der Hofapotheke und den Stumpf des Heiligengeist-Kirchturms, Dezember 1949. Als die Kieler Nachrichten sechs Jahre später ein Foto aus dieser Serie veröffentlichten, maßen sie ihm schon „fast dokumentarischen Wert für die Stadtgeschichte" bei, denn keiner denke in den Adventswochen des Jahres 1955 wohl noch an die beschwerlichen Verhältnisse der ersten Nachkriegsjahre, wenn ein Lichtermeer die Straßen der Innenstadt in den Abendstunden durchflute (28).

Das Ausmaß der Zerstörungen in Höhe der Holtenauer Straße/Ecke Lehmberg, Frühjahr 1946. Hier blieb so gut wie kein Stein auf dem anderen. Harald Eschenburg beschreibt in seinem Roman „Im Schlepp" die Situation am Hauptbahnhof: „Vom Bahnhof war der Blick bis zum Rathaus freigebombt . . . Trostlos das Bild des Hafens. Da ragten mehr Wracks aus dem Wasser, als die deutsche Flotte in Scapa Flow zurückgelassen hatte. Das Ostufer – eine einzige Schuttwüste!" (29).

Volksschüler im Barackenlager Elmschenhagen, der größten Schule in der britischen Zone. Das Dach ist undicht und die Decke nur zum Teil erhalten. „Trotz allem“, so heißt es in der Presse, „die Jungen wollen etwas lernen.“ Rund 2300 Schüler wurden hier 1946 in vier Tagesschichten unterrichtet (30).

Schulunterricht in einer Baracke: notdürftig abgedichtete Fenster, zusammengesuchtes Mobiliar, große Klassenstärken und Schichtunterricht . . ., 1947. Noch 1951 wurden vom Unterrichtssoll in den Volksschulen nur etwa 80 % geleistet. „Die Kinder, die heute die Schule besuchen, sind also in des Wortes wahrster Bedeutung eine betrogene Generation“, hörte man damals aus der Ratsversammlung (31).

Ausbildung am Schraubstock im Erziehungswerk für Jungen, 1948. Von 60 000 Arbeitsplätzen, die durch die Zerstörung des Krieges und durch Demontagen in Kiel verlorengegangen sind, konnten bis 1951 ca. 29 000 wieder neu geschaffen werden. Die Arbeitslosigkeit lag jedoch noch bei 23 % (Bundesdurchschnitt 10 %, in Nordrhein-Westfalen 5 %) (32).

Schulbespeisung in Elmschenhagen, 1948. Ausgegeben wurde Milchsuppe, Erbsensuppe, Schokoladensuppe, Kekssuppe, Gemüsesuppe mit Rosinen . . . Nahrungsmittel wurden damals in erster Linie nach ihrem Kaloriengehalt gewertet. Die Statistischen Monatsberichte stellten im Februar 1948 fest, die Kalorienzahl der Rationssätze der Normalverbraucher beliefe sich in der 111. Periode nur auf 1066 Kalorien täglich und erreiche damit fast den tiefsten Stand von 1947 mit 924 Kalorien in der 101. Periode. Normalerweise werden 2500 Kalorien veranschlagt (33 u. 34).

Die Angehörigen von Familien, die auf der Flucht oder aufgrund sonstiger Kriegsfolgen auseinandergerissen worden waren, versuchten, über private Kontakte und Initiativen oder öffentliche Hilfsorganisationen wieder zusammenzufinden. Der Suchdienst des Deutschen Roten Kreuzes gehörte für eine ganze Hörergeneration zu den täglichen Sendungen des Rundfunks. – Hier eine Szene vor dem Kieler Hauptbahnhof, Juni 1951. Der Hauptbahnhof wurde für viele Frauen und Väter zu einem Ort vielfältiger Hoffnung und Enttäuschungen, Tag für Tag standen sie an der Bahnhofssperre in der Erwartung, einen vermißten Angehörigen wiederzutreffen. Die Kieler Nachrichten schrieben im Herbst 1949 über eine Mutter, die seit über eineinhalb Jahren bei allen aus Hamburg einlaufenden Zügen auf ihren Sohn wartete, von dem sie seit 1944 keine Nachricht mehr erhalten hatte (35).

Der Staatsbesuch Bundeskanzler Adenauers im September 1955 in Moskau hatte u. a. die Rückführung der Kriegsgefangenen zum Ergebnis. In Kiel wurden noch 50 „Rußland-Heimkehrer" erwartet. Als der erste Bustransport am 12. Oktober 1955 um 2 Uhr morgens eintraf, bereiteten ihnen über 2000 Kieler einen ergreifenden Empfang auf dem Rathausplatz. „In ihrer zerschlissenen Kleidung, meist mit abgetragenen Skimützen, einige noch mit grünen Wollhandschuhen, standen die Heimkehrer auf den Treppen des Rathauses, eng umschlungen mit ihren Angehörigen", berichteten die Kieler Nachrichten und beendeten ihren Bericht: „Die Feier schloß mit dem Deutschlandlied, das noch nie so inbrünstig auf diesem Platz gesungen worden ist, wie in dieser erhebenden Stunde" (36).

In den 50er Jahren gehörte es zu den Gepflogenheiten der Autofahrer, dem Verkehrspolizisten auf der Kreuzung während der Weihnachtsfeiertage Geschenke herauszureichen. „An den verkehrsreichen Straßenkreuzungen türmten sich die Geschenke der Autofahrer für die Verkehrspolizisten, die tagaus, tagein ihren schweren Dienst auf der Straße zum Wohle der Bevölkerung verrichteten", kommentierten die Kieler Nachrichten 1951 eine derartige Szene. Wer sich ein Auto leisten konnte, konnte auch nobel sein . . . Ampelanlagen, die den Verkehrspolizisten verdrängten, und „grüne Wellen" hatten noch Seltenheitswert (37).

PKW-Modell Eigenbau, in Kiel natürlich in Form eines Schiffsrumpfes mit Heckflosse, 1953. Im Jahre 1949 hatte die Presse bereits einen Gettorfer Kleinstwagen vorgestellt, der 60 Stundenkilometer schnell war und unter 3000 DM kostete (38).

Rechts oben: Am 17. April 1953 dirigierte Wilhelm Furtwängler, als „größter Dirigent überhaupt" von Musik-Kritikern gefeiert, die Berliner Philharmoniker in der Ostseehalle. Sie „trug das Bild großer Abende: die riesige Auffahrt der Wagen aus der Stadt und weiter Umgebung, den dichten Zustrom erwartungsvoller Menschen, die bis oben hin gefüllten Reihen . . . Kiel hatte einen unvergeßlichen Abend" (Kieler Nachrichten, 39).

„Wer ist die Schönste im Lande?" war eine Frage, die die Deutschen in den 50er Jahren lebhaft bewegte – hier ein Szenenfoto von der Wahl der „Miß Schleswig-Holstein" 1954 in Kiel. Eine Strumpffirma sowie eine Film- und Fluggesellschaft organisierten Miß-Wahlen in der Bundesrepublik mit dem „Traumziel" für die „Miß Germany", an der Wahl der Welt-Schönheitskönigin in Long Beach/Kalifornien teilnehmen zu dürfen. Es

lockte ein Filmvertrag in Hollywood. Der Erkorenen für den schleswig-holsteinischen „Thron der Schönheit" lagen nicht nur das Publikum und die Jury unter dem Blitzlichtgewitter der Bildjournalisten zu Füßen, sondern auch „Unmengen von Geschenken: u. a. ein Radio-Super, eine Riesen-Strumpfkassette, ein Schirm, eine 1-Liter-Flasche Chanell und – nicht zuletzt – ein Trockenrasierapparat für den Zukünftigen", berichteten die Kieler Nachrichten. Die Mode- und Vergnügungswelle war mit ihren häufig spießigen und kleinbürgerlichen Amüsements mit Erfolg dabei, die „Freßwelle" langsam zu überrollen (40).

Der Bau der Stadtkirche St. Nikolai geht auf die Gründungszeit Kiels im 13. Jahrhundert zurück. Das Erscheinungsbild der Pfarrkirche hat sich im Laufe der Jahrhunderte mehrfach gewandelt, dem Stadtbild aber immer ein charakteristisches Gepräge gegeben. Nach der fast vollständigen Zerstörung im Zweiten Weltkrieg begannen erste Aufräumungsarbeiten im Frühjahr 1949. Beim Neuaufbau postulierte der Architekt Langmaack den „Mut zum Neuschaffen, ohne die bindende Kraft der Tradition zu verlieren." Man verzichtete nach leidenschaftlich und öffentlich geführter Diskussion auf den Plan einer Restauration und bekannte sich – wie bei anderen öffentlichen Wiederaufbauvorhaben – zu einer architektonischen Formensprache der Gegenwart. Die mittelalterlichen Gewölbe wurden dabei nicht wiederhergestellt, jetzt beschließt eine von schlanken Säulen getragene Flachdecke den Innenraum nach oben. Das Äußere der Kirche lehnt sich in einer schlichteren Form an den alten Bau an, muß aber auf die im Krieg ebenfalls zerstörte Reihe der Persianischen Häuser verzichten und ist nunmehr unmittelbar dem Alten Markt zugeordnet (41–44).

Nach der Zerstörung der Nikolaikirche: „Auf alten Trümmern etwas Neues schaffen . . . Mit dem Mauerwerk, das von den Trümmern der mittelalterlichen Kirche verblieben ist, hat sich die Erinnerung an das spätgotische Bauwerk erhalten und mahnt uns an die Vergänglichkeit alles menschlichen Bauens und das Stückwerk aller menschlichen Arbeit“ (Klaus Thiede, St. Nikolai in Kiel, 1960; 45).

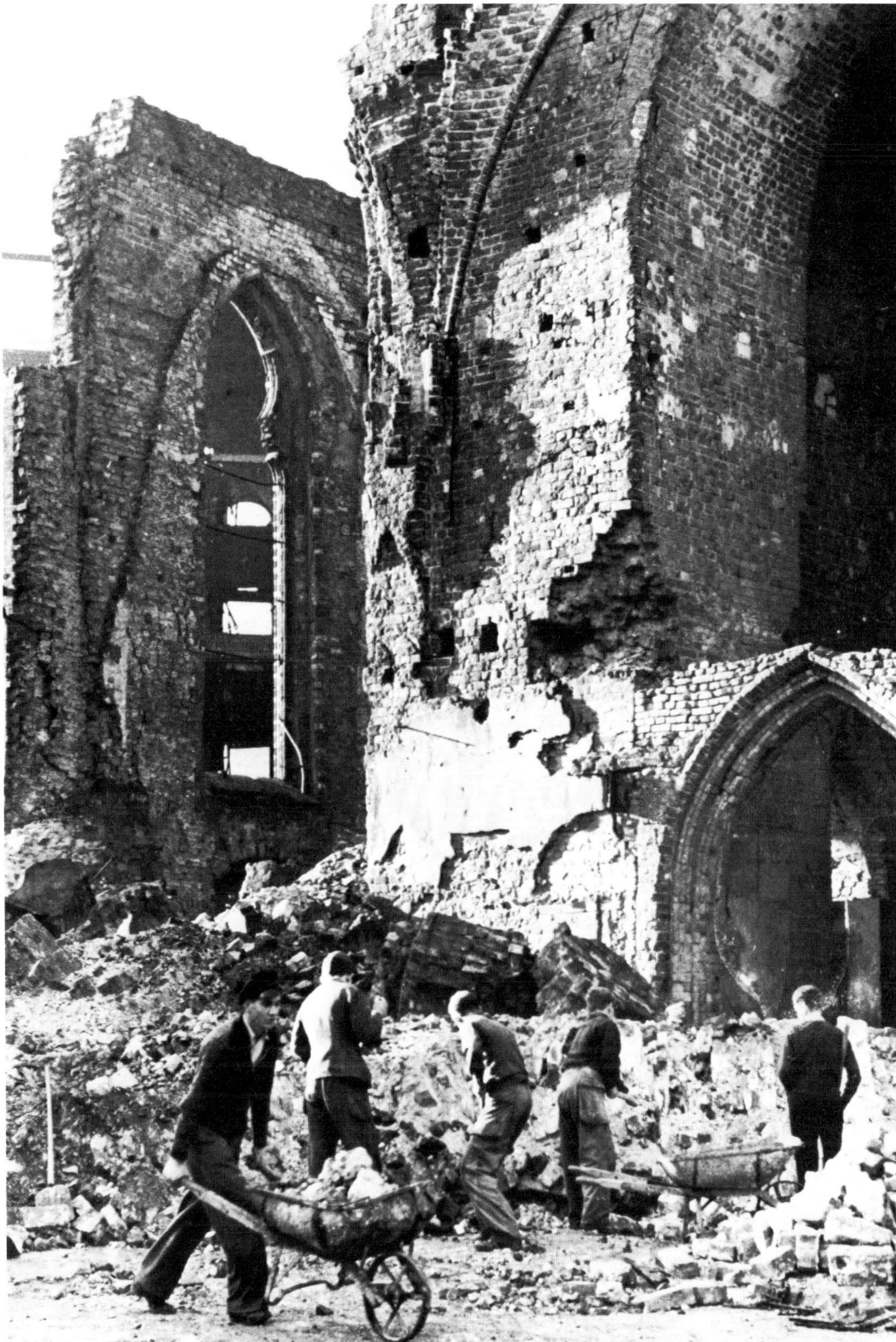

Herrichtung der Fundamente für den Neubau der Landeszentralbank an der Fleethörn, 1953, mit dem der Rathausplatz wieder gefaßt wurde. Dic Industrie- und Handelskammer zu Kiel verzeichnete in ihrem Jahresbericht desselben Jahres „im Vergleich zur Lage der Bauindustrie im übrigen Bundesgebiet noch immer einen wesentlich geringeren Umfang der Produktionsauslastung". Es fehlten hier im größeren Rahmen Besatzungs- und Industriebauten; die Schaffung von Wohnraum und der notwendige Straßen- und Tiefbau kamen wegen Finanzierungsschwierigkeiten nicht so voran, wie es die Kapazitäten des Baugewerbes erlaubt hätten (46).

Das Kuhberg-Gelände war schon vor dem Zweiten Weltkrieg sanierungsbedürftig. Nach den Zerstörungen im Bombenhagel wurden hier umfangreiche Erdarbeiten vorgenommen. Aus dem Material zweier Flugzeughallen aus Sylt entstand 1950/51 ein großer Mehrzweckbau, der den Namen „Ostseehalle" erhielt. Die alte „Nordostseehalle" an der Gutenbergstraße war dem Bombenkrieg zum Opfer gefallen und wurde nicht wieder aufgebaut (47).

Der Straßenbau vollzog sich nach einem neuen Verkehrsplan. Das Rückgrat bildete eine von Süden durch die Innenstadt und westlich der Altstadt entlang über den Kleinen Kiel nach Norden hin laufende Verkehrsader; hier ein 1949 im Entstehen begriffenes neues Teilstück, die „Neue Straße" (heute „Andreas-Gayk-Straße") in Blickrichtung Sophienblatt (48).

Bau der Werftstraße in Gaarden in Höhe der Straße „Zur Fähre", rechts zerstörte Gebäude der Deutschen Werke. Im Straßenbau mußte noch weitgehend auf schwere Maschinen verzichtet werden. Als Packschicht unter dem Straßenbelag diente häufig Trümmerschutt (49).

Während auf dem Ostufer die Werft- und Kaianlagen noch demontiert und gesprengt wurden, konnten die Hafenbefestigungen am Eisenbahndamm im Herbst und Winter 1949/50 wiederhergerichtet werden (50).

Der Schrott- und insbesondere Buntmetallhandel blühte. Auf dem im Januar 1950 am Bahnhofskai aufgenommenen Foto türmen sich die Schrottberge. Für Deutschlands Wiederaufbau war die Wiederverwendung des Altmetalls unverzichtbar, und auf den Handel mit Rohprodukten gründete sich für viele späterer Wohlstand. Der Schrott, der ins Ausland ging, brachte wertvolle Devisen, sofern er nicht ehemaliges Rüstungsgut war und als Reparationen abgegeben werden mußte (51).

Kundgebung gegen Sprengungen und Demontagen durch die Militärregierung am 13. Juni 1946. Oberbürgermeister Gayk erschien es später zusammenfassend, „als hätten die Westmächte eine Lokomotive vor und eine hinter den Zug des europäischen Aufbaus gespannt, den Marshallplan vorn und den Demontageplan hinten" (52).

Die Sprengung des sogenannten Christiani-Bunkers an der Holtenauer Straße im Jahre 1953 war so exakt berechnet, daß selbst in der unmittelbaren Umgebung keine Fensterscheibe zerbrach. Die zahlreichen Zuschauer klatschten nach der Sprengung Beifall (53).

Das „Ostufer“ war mit seinen Werftanlagen Kiels wichtigstes Industriegebiet, der Bombenkrieg hatte es weitgehend verwüstet. Die Aufwärtsentwicklung der Stadt schien entscheidend davon abhängig zu sein, inwieweit und wie schnell es gelang, hier eine „Friedenswirtschaft“ aufzubauen. Diese Bemühungen scheiterten zunächst an der systematischen „Devastierung“ des Geländes. Die Sprengungen begannen im März 1949; Foto der Germaniawerft an der Hörn (54).

Die Presse kündigte regelmäßig die Sprengungen an, die einen unüberhörbaren Mißklang bildeten zum gleichzeitigen Anwachsen einer bedrückenden Arbeitslosigkeit. Die Verwüstungsaktionen auf dem Ostufer endeten mit der Sprengung am 5. Mai 1950, 17.20 Uhr (55).

Das Werftgelände wurde mit Betonklötzen oder Zementwürfeln, die aus gesprengten Bunkerresten – wie hier am Ellerbeker Markt – herausgeschnitten wurden, unbrauchbar gemacht; Aufnahme aus dem Sommer 1950 (56).

Ein scheinbares Idyll am Marine-Signalturm des Kieler Hafens. Um die Bedürfnisse des täglichen Lebens zu befriedigen und den Speisezettel anzureichern, war die Haustierhaltung, vor allem von Federvieh und Kaninchen, lange Jahre nach dem Krieg auch in der Großstadt nichts Ungewöhnliches. Die „Kieler Werkswohnungen" sahen sich 1949 gezwungen, Maßnahmen gegen Mieter zu ergreifen, die Ziegen auf Dächern grasen ließen und in Kellern Schweine mästeten. Die Deutschen waren ein Volk von Kleingärtnern, Sammlern und Haustierzüchtern geworden (57).

Das Bronze-Standbild Klaus Groths von Heinrich Mißfeldt wurde kurz vor Kriegsende vom Sockel geholt, um es einzuschmelzen und das Metall für die Herstellung von Granaten zu verwenden. Doch es kam nicht mehr dazu. Durch einen Zufall wurde die Plastik im Jahre 1949 auf einem Harburger Schrottplatz entdeckt, auf dem dieses Foto entstanden ist. Sie war dort unter der Bezeichnung „unbekannter alter Mann/großer Zivilist" registriert. In einem Festakt bekam Klaus Groth in der Kieler Woche 1949 seinen alten Platz am Kleinen Kiel wieder (58).

Eine Kriegsfolge von weitreichender Bedeutung war die Verlegung der Universität vom Schloßgartengelände in die Elac-Fabrik am Westring; nur die Kliniken und einige Kulturinstitute, darunter die Kunsthalle, verblieben im alten Universitätsareal an der Förde. Die Stadt wünschte sich, daß die ausgebrannte Aula als kultureller Mittelpunkt des Universitätslebens und gleichzeitig auch als repräsentativer Veranstaltungsraum wieder aufgebaut werden möge. Der Plan scheiterte, die Universitätsruine, einer der charakteristischen und traditionsreichsten Blickpunkte im Stadtbild, wurde im Herbst 1954 gesprengt (59).

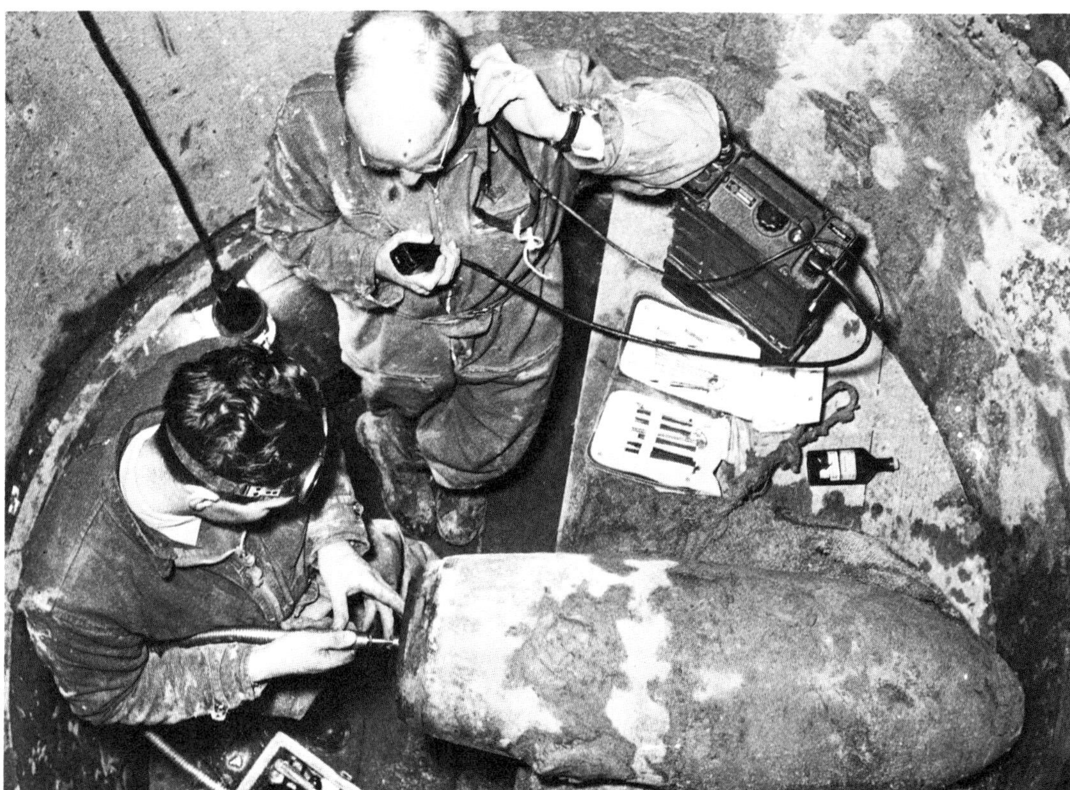

Neben geplanten Sprengungen gab es auch immer wieder unbeabsichtigte Detonationen von Blindgängern; viele konnten noch rechtzeitig entschärft werden. Das Foto ist während einer der gefährlichsten Bombenentschärfungen im April 1954 in Oppendorf aufgenommen worden. „Die Schwierigkeit lag darin, daß der Zünder durchgebrochen und der arbeitende Teil ins Bombeninnere gerutscht war. Das Gewinde mußte herausgesägt werden – und das bei einer Apparatur, die bei der kleinsten Erschütterung in die Luft gehen kann", schrieben die Kieler Nachrichten (60).

Das ehemalige deutsche U-Boot-Begleitschiff „Carl Peters“, das im Krieg durch Minentreffer sank, wurde nach der Bergung im Jahre 1949 zum Verschrotten nach Kiel gebracht. In gefahrvoller Arbeit holte man mehrere scharfe Torpedos aus dem Schiffsinnern. Von 240 Wracks, die bei Kriegsende im Hafen zwischen Bahnhof und Friedrichsort lagen, waren im Mai 1951 bereits 230 beseitigt (61 u. 62).

Waffen und Munition waren bei Kriegsende in großen Mengen in der Förde und Kieler Bucht versenkt worden, nicht lange danach bemühte man sich um ihre Bergung, um Schrott zu gewinnen. Unter dem Motto: „Ran an den Schrott" annoncierten z. B. im August 1951 über 70 schleswig-holsteinische Händler in den Kieler Nachrichten und boten für das „braune Gold" höchste Tagespreise. Die Fotos aus dem Jahre 1951 zeigen das Ausschlachten von Einmann-U-Booten und das Gaardener Fährschiff „Tertius", nachdem der Torso von einem Schwimmkran an Land gesetzt worden ist und nun vollends verschrottet werden kann (63 u. 64).

Blick von Osten über die gesprengten und demolierten Hellinge der Germaniawerft auf die Stadt, 1950. Ein großer Teil der deutschen und viele ausländische Kriegsschiffe sowie zahlreiche Handels- und Spezialschiffe sind ehemals hier konstruiert und gebaut worden (65).

Hunderte von Ingenieuren, Schiffbauern und Angestellten gingen einst täglich durch dieses Tor des nunmehr ausgebrannten Verwaltungsgebäudes der Germaniawerft in Gaarden (66). – „Kettendemontage“ auf derselben Werft: ein Kran demontiert den anderen, nachdem dieser bereits einen noch kleineren abgebaut hat (67).

Ansicht der Germaniawerft vom Westufer der Förde, August 1950: Im Vordergrund die gesprengten Hellinge. Ihre Eingänge wurden mit Seesand zugeschwcmmt und mit großen Betonklötzen abgeriegelt. Im Hintergrund auf der Anhöhe ERP-Wohnungsbauten an der Kieler Straße (68).

Die „Versandung" der Hellinge auf der Germaniawerft. Die Hellinge 1–6 (im Vordergrund) sind bereits mit einer drei Meter hohen Seesandschicht bedeckt, während die Hellinge 7 und 8 noch aufgefüllt werden sollen (69).

Die Deutschen Werke (früher einmal: Kaiserliche Werft) vor der Demontage; links das Gebäude 61 mit dem Uhrenturm, das heute noch steht. Hier waren vor dem Krieg auf einem gut 60 Hektar großen Industriegelände etwa 15 000 Arbeitskräfte tätig (70).

Einzug der ursprünglich sächsischen Strumpffabrik Weidmüller 1951; Anlieferung von Cotton-Strumpfstrickmaschinen aus den USA. Ohne die amerikanische Hilfe hätte sich das deutsche „Wirtschaftswunder“ nicht so schnell entwickeln können, sie wurde gern entgegengenommen. Ohnehin favorisierte die jüngere Generation den amerikanischen „way of life“ (71).

Nach langjähriger Pause machte im September 1950 wieder ein Überseeschiff am Getreidesilo im Nordhafen fest, um kanadischen Weizen zu löschen. Als hier im August 1951 das Küstenmotorschiff „Schwalbe" als 1000. Schiff nach der Währungsreform abgefertigt werden konnte, fanden sich Vertreter der Stadtführung auf dem girlandengeschmückten Deck ein, um dieses Ereignis als Aufbauleistung öffentlich zu feiern (72).

Als das Tankmotorschiff „Jalanta" im April 1952 für die norwegische Reederei Jahre vom Stapel lief, war es der damals größte Nachkriegsbau der Howaldtswerke. Der Kieler Schiffbau war damals bis an den Rand seiner Kapazität ausgelastet und hatte allenfalls Schwierigkeiten in der Materialbeschaffung (73).

Die Kieler Howaldtswerke bauten in den 50er Jahren zahlreiche Großtanker für griechische „Tankerkönige“ wie Aristoteles Onassis und Stavros S. Niarchos. Für diesen wurde am 15. Mai 1954 die „World Grace“ (190 m lang, 32 500 Tonnen) als zweiter Neubau von insgesamt vier Schiffen dieses Typs im Trockendock seinem Element übergeben. Die Werftindustrie entwickelte sich zum exportintensivsten Industriezweig der Stadt, obwohl die deutsche Handelsschiffstonnage noch immer einen erheblichen Fehlbestand aufwies; für deutsche Aufträge fehlten jedoch die finanziellen Mittel (74).

Die Anfang der 50er Jahre eingeleitete Umstellung des Kieler Ostufers auf Friedensindustrie mit der Ansiedlung neuer Betriebe auf dem Gelände der Deutschen Werke und der Germaniawerft ist nur in Ansätzen geglückt. Die Produktion reichte Anfang der 50er Jahre von Dosen, Blechemballagen und Fernsehgeräten bis zu Möbeln, Marmeladen, Strümpfen, Garnen und Modeartikeln. Das Foto zeigt eine Teilansicht eines Arbeitssaales der Norddeutschen Kunstblumen- und Brautkränzefabrik GmbH in wiederhergestellten Fabrikationsräumen der ehemaligen Deutschen Werke. Das Unternehmen wurde 1947 von einem Sudetendeutschen in Kiel gegründet und hatte vor allem Erfolg im Exportgeschäft nach Übersee und den Vereinigten Staaten von Amerika (75).

Rechts oben:
Die Nachkriegsjahre sind durch den „Kalten Krieg“ zwischen Ost und West und eine verstärkte Aufrüstung der Machtblöcke gekennzeichnet. In der Bundesrepublik bestand zunächst eine leidenschaftliche

Ablehnung jeder Form der Wiederbewaffnung. Begnügte sich Westdeutschland anfangs mit der Aufstellung eines „Bundesgrenzschutzes“, so wurde 1950 das „Amt Blank“ eingerichtet, um die Gründung der Bundeswehr vorzubereiten und durchzuführen. Im Mai 1952 wurde in Paris ein Vertrag über eine Europäische Verteidigungsgemeinschaft (EVG) paraphiert, die einen westdeutschen Wehrbeitrag vorsah. Dagegen protestieren Kieler Frauen und erinnern an die Bombennächte des Zweiten Weltkrieges (76).

Umstellung auf Friedenswirtschaft – nie wieder Marinestadt: das war die nahezu einhellige Meinung der Kieler Einwohnerschaft nach dem letzten Krieg. Die weltpolitischen Spannungen und der Schock des Koreakrieges führten die Bundesrepublik dann im Mai 1955 in die Nato. 1956 wurde die Bundeswehr aufgestellt und Kiel wieder Marinestandort. Das Foto zeigt die Indienststellung des ersten U-Bootes „Hai“ der Bundesmarine am 15. 8. 1957 in Kiel. Es handelt sich um ein Boot der ehemaligen Kriegsmarine, das zwischenzeitlich auf dem Grund der Ostsee gelegen hatte und 1956 gehoben worden war. 1966 sank U-„Hai“ auf einer Übungsfahrt (77).

Stapellauf im Werk Gaarden der Howaldtswerke am 20. Juni 1959. „Sirenengeheul der im Hafen liegenden Schiffe und Hurra-Rufe ungezählter Zuschauer auf beiden Ufern der Kieler Förde begleiteten den Stapellauf des 65 000-t-Riesentankers ‚Olympic Champion', der am Sonnabend glücklich in sein Element glitt", schrieben die Kieler Nachrichten, um dann fortzufahren: „Frau Tina Onassis, die Gattin des griechischen Großreeders, gab dem zweiten Howaldt-Schiff dieser Größe seinen Namen. Auch dieses Ereignis in Anwesenheit der Ministerpräsidenten-Konferenz, Vertretern der Landesregierung und der Stadt Kiel und zahlreichen Reedern, das den inoffiziellen Auftakt der Kieler Woche bildete, gestaltete sich, wie der Stapellauf des Schwesterschiffs ‚Olympic Challenger' im Dezember 1958, zu einem wahren Volksfest der Kieler Bevölkerung" (78).

Die großen Maikundgebungen des Deutschen Gewerkschafts-Bundes fanden traditionell vor dem Rathaus statt. Am 1. Mai 1960, an dem dieses Foto aufgenommen wurde, hatten sich hier rund 25 000 Menschen versammelt, nachdem sie sich den von Spielmannszügen geführten Marschkolonnen angeschlossen hatten. Die Redner erhoben an diesem 70. Jahrestag der Maifeiern ihre aktuellen gewerkschafts- und tarifpolitischen Forderungen nach der 40-Stundenwoche, einer Krankenversicherungsreform usw.; auf Transparenten wurde darüber hinaus für Abrüstung in Ost und West, gegen den Atomtod und für mehr Brüderlichkeit demonstriert (79).

„Fotografierte Kieler Wirklichkeit" überschrieb die Schleswig-Holsteinische Volkszeitung dieses Foto in ihrer Ausgabe vom 20. September 1952 und berichtete vom Ergebnis des Fotowettbewerbs der Stadt Kiel anläßlich der Kieler Woche 1952. Diese preisgekrönte Aufnahme eines auf dem Hauptbahnhof Papier sammelnden Jungen kommentierte die Zeitung abschließend mit den Worten, die Prämierung zeige, „daß das Preisgericht trotz des festlichen Anlasses auch vor sozialen Problemen und der Not des Alltags keineswegs die Augen zu verschließen gedachte" (80).

„Weite Kreise der Bevölkerung können sich heute normalerweise kaum noch Fleisch leisten . . . So kommt es, daß freitags bereits oft vor 5 Uhr morgens sich lange Schlangen am Kieler Schlachthof bilden, um Freibank-Fleisch zu erhalten . . . Es handelt sich um Fleisch, das vom Tierarzt zum Verbrauch freigegeben worden ist, aber im Wert nicht dem im üblichen Handel erhältlichen Fleisch entspricht. Damit aber nur ein wirklich bedürftiger Kreis das billige Fleisch erhält, gibt das Sozialamt der Stadt Kiel Karten heraus", kommentierte die Schleswig-Holsteinische Volkszeitung ein Foto aus dieser Serie am 29. 11. 1950 (80a).

Ein anderes Zeichen der Zeit: Verschiffung von Volkswagen nach Skandinavien im Kieler Hafen, 1955. Der Käfer, hier Exportmodelle mit modischen „Weißwandreifen", verstärkten Stoßstangen und Faltschiebedächern, war zum Symbol des wirtschaftlichen Aufstiegs geworden. 1955 waren über 330 000 VWs hergestellt worden, von denen über die Hälfte in den Export gingen. Damalige Zeitungsleser erinnern sich an die regelmäßigen Anzeigen des VW-Werkes in den Silvester-Ausgaben: „Präzision und Qualität in höchster Vollendung – die Ursache für den ständig steigenden Erfolg dieses einzigartigen Automobils" (80b).

Die Kieler Woche ist nach dem Kriege über die segelsportlichen Wettkämpfe hinaus um staatspolitische und volkstümlich-kulturelle Programmbeiträge erweitert worden. Bundespräsident Theodor Heuss, der hier 1953 von Landtagspräsident Ratz, Ministerpräsident Lübke, Stadtpräsident Schmidt und Oberbürgermeister Gayk auf dem Bahnhof abgeholt wird, unterstrich mit seinen Besuchen die politische und völkerverbindende Aufgabe der Kieler Woche. Sie bewährte sich insbesondere bei der Aussöhnung mit Skandinavien (81).

1959 tagten die Ministerpräsidenten der Bundesländer während der Kieler Woche in der schleswig-holsteinischen Landeshauptstadt. Das Foto, das v. r. n. l. unter anderen die Ministerpräsidenten bzw. Bürgermeister Kopf (Niedersachsen), Kaisen (Bremen), Meyers (Nordrhein-Westfalen), Brauer (Hamburg), v. Hassel (Schleswig-Holstein), Kiesinger (Baden-Württemberg) und Altmeier (Rheinland-Pfalz) zeigt, entstand während einer Sitzungspause im Garten des Hotels „Kieler Kaufmann“ (82).

II Kiel gestern und heute

Granaten über Kiel – oben der von Flak- und Leuchtspurmunition erleuchtete Himmel im Kriegsjahr 1944, unten das Silvesterfeuerwerk 1981/82. „Handsirenen heulen durch die Stadt, Flak schießt Alarm“, heißt es in einem städtischen Bericht über einen der letzten Angriffe schwerer Bomberverbände. Es geht weiter: „Scheinwerfer blitzen auf, die ersten Geschütze bellen. Menschen hetzen in die Bunker; wie oft schon in diesen Tagen? Teuflisches Motorengebrumm in der Luft, rauschende, krachende Bomben. In den Bunkern unerträgliche Überfülle, verbrauchte Luft, erschöpfende Hitze. Menschen drängen ängstlich zusammen, Frauen werden ohnmächtig, Kinder klammern sich an die Mütter. Die Männer fluchen aus Angst, aus Sorge, aus Verbitterung. Draußen jagt der Tod blitzendes Eisen in die Häuser und Straßen, reißt sie auf, dreht die Eingeweide der Stadt nach oben. Berstende Häuserwände, stürzende Lichtmasten, aufgebogene Schienen, Trichter, Trichter . . .“ – Ganz andere Erinnerungen werden durch das Foto des Silvesterfeuerwerks 1982 geweckt. Es ist ein Dokument unserer Wohlstandsgesellschaft, in der Presse kommentiert von Polizei und Feuerwehr: „Wir hatten eine ganz normale Silvesternacht“ (83 u. 84).

Die auf einer Halbinsel gelegene Altstadt ist seit Jahrhunderten der geschäftliche Mittelpunkt Kiels. Der Bombenkrieg riß Lükken über Lücken in das Stadtzentrum. Auf dem im Jahre 1949 vom Rathausturm aus aufgenommenen Foto sind die Trümmerberge schon geräumt, und der Anfang des Wiederaufbaus ist gemacht worden. Wenn man näher hinschaut, sind die Kriegswunden auch heute im Bereich der Schloßstraße und des Jensendamms noch nicht ganz vernarbt und beseitigt. Daneben sind Bausünden der Aufbauphase zu korrigieren, seien sie nun aus Geldmangel, modischen Verirrungen oder Fehlplanungen entstanden. Ein Desiderat sollte nicht der Vergessenheit anheimfallen: die Wiederherstellung des markanten kupferbeschlagenen Walmdaches des neuen Rathauses in Form eines umgekehrten Bootes. In einer Zeit gleichförmiger Großstadtarchitektur trüge es dazu bei, den unverwechselbaren Charakter der Fördestadt sichtbar zu machen. – Das untere Foto ist Mitte der 50er Jahre aufgenommen worden (85 u. 86).

Der Alte Markt, seit der Stadtgründung 1242 das Zentrum Kiels, bildete 1945 „einen der schauerlichsten Anblicke in dem trümmerreichen Kiel“, schrieb 1950 die Schleswig-Holsteinische Volkszeitung und fuhr fort, damals habe „wohl kaum jemand geglaubt, daß an dieser verwüsteten Stelle so bald wieder neues Leben sichtbar werden würde.“ Als eines der ersten Gebäude am Markt wurde das Jacobsenhaus an der Ecke Holstenstraße wieder aufgebaut (auf dem Foto von 1949 ist es eingerüstet). Vom gleichen Standort ist der Markt 1981 noch einmal aufgenommen worden (87 u. 88).

Der Alte Markt in Blickrichtung Nordwest/Dänische Straße, fotografiert in der Weihnachtszeit 1950 und 1982. Der Altstadtkern und die Vorstadt bis zum Hauptbahnhof waren vordringliches Aufräumungs- und Wiederaufbaugebiet, hier waren und sind viele öffentliche Gebäude und zahlreiche Geschäfte angesiedelt. Mit dem auf dem Foto eingerüsteten Neubau wurde das seit der Stadtgründung bestehende, planvoll angelegte Straßensystem verändert und die Haßstraße zum Markt hin abgeriegelt. Nachdem der Marktplatz nach dem Kriege – nunmehr des alten Rathauses und der Persianischen Häuser beraubt – in erster Linie als Parkmöglichkeit genutzt wurde, schloß sich 1969 eine Interessengemeinschaft von Kaufleuten zusammen, um den Platz nach einem in der Öffentlichkeit heftig umstrittenen Entwurf neu zu gestalten und „das alte Leben und Treiben in pavillonartigen Bauwerken wieder entstehen zu lassen." Zur Segelolympiade 1972 wurde er feierlich eingeweiht (89 u. 90).

„Am Ende des Krieges bedeckten Schutt und Trümmer die Gegend um den Alten Markt. Nur wenige Häuser waren mit geringen Schäden davongekommen. Von St. Nikolai stand, abgesehen vom schwerbeschädigten Turm, kaum ein Fünftel der Umfassungsmauern. Hoffnungslose Öde lag über dem ehemals so lebendigen Marktplatz der alten Siedlung tom Kyle“, schreibt Klaus Thiede in seinem Buch über St. Nikolai (Kiel 1960). Die Kirche wurde 1951, sieben Jahre nach ihrer Zerstörung, wieder eingeweiht und erhielt in mehreren Bauabschnitten ein neues, sich von der letzten gründlichen Umgestaltung des Jahre 1877 wesentlich unterscheidendes Gesicht. Der Kieler Reeder Grammerstorf stiftete 1953 den kupferbeschlagenen Turmhelm, das Satteldach konnte erst 1957 gerichtet werden (91).

Die Pavillonbebauung des Alten Marktes von 1972 hat den freien Blick auf die Nikolai-Kirche erneut verstellt. Viele Kieler hätten sich den Wiederaufbau – oder genauer gesagt: die Rekonstruktion – der im Kriege zerstörten Häuserzeile vor der Kirche, der Persianischen Häuser, sowie des alten Rathauses an der Stelle der hier abgebildeten Pavillons gewünscht. Vom Rathaus, das hier seit der Stadtgründung durch Graf Adolf IV. von Schauenburg stand, sind nur noch die unter Denkmalschutz stehenden gotischen Kellergewölbe des ehemaligen Ratskellers erhalten geblieben (92).

„Verbrannte Erde" auf dem Schlachtfeld des Bombenkrieges: die Kieler Innenstadt um die Nikolaikirche, drei Jahre nach Kriegsende, als dieses Foto aufgenommen wurde, immer noch ein Trümmerfeld (93).

Blick vom Stumpf des Nikolai-Kirchturms nach Nordosten auf die zur Schloßruine führende Schloßstraße, um 1950. Die östliche Altstadt hat durch den Wiederaufbau nach 1945 nicht nur wesentliche Veränderungen in der Bebauung, sondern auch in der Straßenführung erfahren. Die Tor-, Fischer- und Kattenstraße sowie die Straßen „Hinter der Mauer" und „Zum Kuhfelde" sind weggefallen. Die Pfaffenstraße spielt als Auffahrt zu einem Parkhaus nur noch eine untergeordnete Rolle, sie verläuft parallel zur neuen Eggerstedtstraße (94).

Die Eggerstedtstraße ist nach dem Kriege nicht nur neu angelegt worden, sondern mit ihr ist auch ein neuer Straßenname in der Altstadt eingeführt worden. Als diese Frage 1965 aufgeworfen wurde, löste sie in der Bevölkerung und den politischen Parteien im Rathaus eine kontroverse Diskussion aus, da traditionelle Namen ganz zu verschwinden drohten. Die Mehrheit im Rat meinte, ein neuer gestalterischer und städtebaulicher Eindruck mache auch einen neuen Namen vertretbar. Ferner sei es richtig, der Bevölkerung die problematische Zeit unserer Geschichte, nämlich des Dritten Reiches, im zentralen Bereich der Stadt in Erinnerung zu bringen. Der Kieler Otto Eggerstedt, eine der markantesten Persönlichkeiten der schleswig-holsteinischen Sozialdemokratie, langjähriges Mitglied des Reichstages und 1929–1932 Polizeipräsident in Altona-Wandsbek, war 1933 von den Nationalsozialisten ins KZ Esterwegen verschleppt und im Oktober desselben Jahres hinterrücks erschossen worden. – Das Foto stammt aus der Mitte der 50er Jahre (95).

Der Sommerschlußverkauf in der Holstenstraße wird noch immer als „Fest der Käufer“ angekündigt. 1950 regelte noch ein Polizist den Einlaß der langen Käuferschlangen ins Kaufhaus (Bild oben). Der Wiederaufbau der Hauptgeschäftsstraße steckte zum Zeitpunkt der obigen Aufnahme noch weitgehend in den Anfängen; ihre Attraktion als Einkaufsstraße wurde gesteigert, nachdem sie 1953–1955 – in zwei Abschnitten und nicht ohne anfänglichen Widerstand der Geschäftsleute – zur Fußgängerzone erklärt wurde. Heute leidet sie an der bundesweiten Uniformität der vielen Kaufhaus- und Filialbetriebe (96 u. 97).

Blick vom Alten Markt in die Kehdenstraße, 1950 und 1982. Sie gehört zu den ältesten Straßen Kiels und hatte, da sie nicht allzu starken Verkehr aufwies, noch bis in die neuere Zeit einige alte Häuser erhalten. Ecke Küterstraße stand noch bis 1936 ein typisches Kaufmannshaus mit einem Treppengiebel aus der Zeit um 1600. Was die Modernisierung an alter Bausubstanz noch nicht beseitigt hatte, verwüstete der Bombenkrieg. 1957 wurde die Baulücke zwischen der Küter- und Faulstraße mit einem Neubau geschlossen, der „der alten Kehdenstraße ein großstädtisches Aussehen geben“ soll und eine Verbreiterung ermöglichte (98 u. 99).

Die Faulstraße, die ursprünglich an der westlichen Innenseite der ringförmigen Stadtmauer entlanglief, gehörte mit ihren winkeligen Häusern noch weit in unser Jahrhundert zu den malerischen Altstadtstraßen. „. . . vor der Zerstörung durch die Bomben des letzten Krieges waren diese Häuser eine kleine Sehenswürdigkeit, wohin die Kieler ihren auswärtigen Besuch ebensogerne führten, wie zu den bekannten Persianischen Häusern am Alten Markt oder an das Fördeufer", schrieben die Kieler Nachrichten 1950 in einem nostalgischen Rückblick. Nach dem Krieg legte man auf den Trümmerflächen zunächst ein „Gayk-Wäldchen" an (oberes Foto von 1952, nach der Volkszeitung „fast eine Waldstraße"), später wurden hier moderne Neubauten, darunter die Landesbank, errichtet (100 u. 101).

Im Herbst 1951 wurde der „Runde Platz“ als erweiterte Holstenbrücke und „Verkehrsgelenk“ angelegt und 1955 in „Berliner Platz“ umbenannt. (Bei diesem würdigen Festakt spielte das Polizeimusikkorps Beethoven, und die Teilnehmer sangen die dritte Strophe des Deutschlandliedes.) Die Kaufhäuser sind auf dieser Aufnahme noch im Aufbau begriffen; im hellen Gebäude in der Bildmitte (oben) hatte das deutsch-englische Informations-Zentrum „Die Brücke“ ihr Domizil. Dreißig Jahre später haben sich die Hausfassaden grundlegend geändert (102 u. 103).

Blick über den „Run-
den Platz", heute
„Berliner Platz", in
Richtung Süden, 1950
und 1984. Der Wieder-
aufbauplan sah zwi-
schen dem südlichen
Abschnitt der Holsten-
straße sowie der An-
dreas-Gayk-Straße
niedrigere Geschäfts-
bauten vor mit dem
„Glaspalast" des Ho-
tels Astor als Domi-
nante am Holsten-
platz (Bildmitte unten,
104 u. 105).

Die nach dem Kriege neu angelegte Hauptverkehrsader zwischen der südlichen Altstadt und dem Stresemannplatz hieß bis zum Tode von Andreas Gayk (1954) „Neue Straße“; danach erhielt sie den Namen des verstorbenen Oberbürgermeisters. Wegen des moorigen Untergrundes waren bei der Anlage der Straße aufwendige Entwässerungs- und Befestigungsmaßnahmen nötig. Die erforderliche Steinpacklage gewann man aus Betontrümmern, die bei den Abbrucharbeiten der früheren Luftschutzbunker gewonnen wurden. Als 1950 mit der Pflasterung begonnen wurde (Bild oben), verwendete man 300 000 Granitsteine aus dem Bayerischen Wald (106 u. 107).

Am Bahnhofs- und Bollhörnkai legen heute die imposanten Fähr- und Kreuzfahrtschiffe an. Das ältere Foto zeigt die Viermastbark „Pamir", die mit dem Schwesterschiff „Passat" von Finnland zurückgekauft und 1951 bei den Kieler Howaldtswerken zu Ausbildungsschiffen der deutschen Handelsflotte umgebaut worden war. Grundlage der Ausbildung sollte nicht mehr Drill und Zwang, sondern Ordnung und Disziplin durch Selbstkontrolle sein. Die „Pamir" sank 1957 auf der Überfahrt von Südamerika nach Deutschland in einem Hurrikan; nur 6 Besatzungsmitglieder konnten gerettet werden (108 u. 109).

Seit 1908 bestand Jahrzehnte eine Fährverbindung zwischen Gaarden und der Innenstadt. Die durch ihre Schornsteinbemalung leicht zu unterscheidenden Schwesterschiffe „Primus" und „Tertius" schieden nach Kriegsende aus. Sie wurden durch kleinere Motorboote (Foto von 1950) ersetzt, die keine Fahrzeuge mehr transportieren konnten. Der Fährbetrieb wurde Mitte der 70er Jahre wegen Unwirtschaftlichkeit eingestellt und an dieser Stelle zur Kieler Woche 1982 auf der aufgeschütteten Bollhörn der Schwedenkai für die Linie Kiel–Göteborg eingeweiht; Foto aus dem Jahre 1984 (110 u. 111).

Auf dem Gelände der heutigen Hauptpost und des Augustenburger-, heute Stresemannplatzes wurden nach Kriegsende Nissenhütten für Ausgebombte und Flüchtlinge errichtet. Oben ein Foto aus dem Jahre 1949, darunter eine Ansicht von 1981 mit dem 1956 angefangenen Bau des Postamtes 1 und der Oberpostdirektion (112 u. 113).

Die behelfsmäßigen Verkaufsbuden auf dem Foto von 1951, von denen es zu jener Zeit noch Hunderte im Stadtgebiet gab, erinnern an eine Zeit des Mangels, die Stände der fliegenden Händler und politischen Gruppen aus unseren Tagen des Überflusses bringen ebenso wie die ausufernden Flohmärkte zusätzliche Farbe und einen Hauch schmerzlich vermißter Urbanität in unsere Innenstädte. In der Holstenstraße überstand zwischen Schevenbrücke und Ziegelteich nur das Gebäude der Landwirtschaftskammer den Bombenkrieg. Daran schloß sich nach Norden hin die Budenzeile an, bis auch hier die Baulücke bis zum Howehaus geschlossen werden konnte (114 u. 115).

Der Wiederaufbau wurde in vielen offiziellen Äußerungen als Gemeinschaftsaufgabe beschworen – hier auf dem Foto von 1950 gleichsam symbolisch ins Bild gesetzt durch eine Kolonne bei der Kabelverlegung am Kleinen Kuhberg. Bildmittelpunkt der älteren und der jüngeren Aufnahme von 1984 ist eine Baumgruppe; die schlichten Neubauten auf der rechten Straßenseite verdecken heute das Rathaus und die Nikolauskirche, die im Kriege ihr Dach eingebüßt und 1950 noch nicht wieder erhalten hatte (116 u. 117).

Ein Trampelpfad führte lange Jahre nach dem Krieg vom Exerzierplatz über die geräumigen Trümmergrundstücke an der Dammstraße zum Rathaus. Auch hier sollten die „Gayk-Wäldchen" den trostlosen Eindruck mildern. Neben „Pioniergehölz", den anspruchslosen Roterlen und Akazien, setzte die Stadt nach erfolgreichen Probeaufforstungen in einer weiteren Aktion im Herbst 1948 auf 30 Hektar Schuttfläche rund 300 000 Jungpflanzen, darunter auch Wildfruchtpflanzen, Fliederbeeren, Brombeeren, Wildäpfel, -kirschen, -birnen, Quitten und Hagebutten. Foto aus dem Jahre 1948 (118).

Dem Reisenden, der aus der Bahnhofshalle heraustritt, werden die Kriegswunden im Stadtbild noch heute schmerzlich bewußt. Ein großes Areal auf der westlichen Seite des Sophienblatts am Bahnhof ist „Sanierungsgebiet“ geblieben. Dem Aufbaukonzept sind jüngst ältere und an sich erhaltenswerte Häuser mit gut gegliederten Fassaden (links im Bild von 1953) zum Opfer gefallen. Nur an die Stelle des am 5. Januar 1944 ausgebombten Hansa-Hotels ist schon 1953 das Raiffeisenhaus, ein fünfgeschossiges Haus mit einer Dachetage, getreten. Als Sitz der Spitzen landwirtschaftlicher Organisationen Schleswig-Holsteins verkörpert es, „im Prinzip an die Fachwerkbauten alter Bauernhäuser erinnernd, . . . in ausgezeichneter Harmonie die Verbundenheit, die die Landeshauptstadt als Mittelpunkt eines landwirtschaftlichen Gebietes mit der Landbevölkerung besitzt“ (119 u. 120).

Erst 1950 wurde das nackte Stahlgerüst des im Kriege schwer getroffenen Hauptbahnhofs überdacht und seine Wiederherrichtung in Angriff genommen. Sie ist heute noch nicht abgeschlossen und führt insbesondere im Außenbereich zu immer neuen Varianten und Ideen. Bisher fehlten vor allem die finanziellen Mittel, sie zu verwirklichen. Das untere Foto zeigt den Zustand der Wandelhalle im Jahre 1981, vor dem jüngsten Einbau neuer Verkehrspavillons und „Service-Stationen" (121 bis 123).

Nur wenige Kieler Ansichten haben sich grundsätzlich so wenig verändert wie der vom selben Standort 1954 und 1982 fotografierte Blick von Süden auf das Bahnhofsgelände – abgesehen von Reparaturen an den Bahnsteighallen, der Umstellung von Dampf- auf Diesellokomotiven und dem Abbruch der St.-Jürgen-Kirche. Die längst überfällige Elektrifizierung der Bahn mit ihrem Gewirr von Oberleitungen läßt hier noch auf sich warten, doch – so fragten die Kieler Nachrichten schon 1953 – „haben sie nicht etwas Anziehendes, diese dampfenden Lokomotiven, diese im gleichmäßigen Rhythmus ratternden Personen- und Güterwagen und die vielen Signale? Sie bilden eine Welt, deren Zauber uns ein ganzes Leben lang nicht wieder losläßt . . ." (124 u. 125).

Auf dem Kai am Bahnhof wurden in den 50er Jahren zahlreiche Schiffswracks abgesetzt und zerlegt, von hier gingen die Schiffstransporte mit Altmetall in die Hochofenbetriebe. Wie die Stoppelfelder nach der Ernte noch einmal von den Städtern „abgegrast" wurden, erschienen nach der Verschrottung der Wracks Schrottsammler, denn manches Metallstück konnte aus dem zurückgelassenen Rest noch herausoperiert werden (Foto oben von 1952). Heute ergibt sich von demselben Blickpunkt schon lange wieder das Bild einer intakten Bahnhofshalle; davor befindet sich ein Betriebsgebäude der Deutschen Bundespost (126 u. 127).

So wichtig der Bahnanschluß seit 1844 für die Stadtentwicklung ist, so ist doch nicht zu übersehen, daß das Bahngelände ein Zusammenwachsen der Stadtteile auf dem West- und Ostufer – Gaarden wurde 1901 bzw. 1910 eingemeindet – erschwert. Eine wichtige Verkehrsverbindung ist die Gablenzbrücke. Sie wurde 1910 gebaut, 1956 überholt und verbreitert (Bild oben). Diese Maßnahme bedeutete damals auf Grund ihrer technischen Ausführung eine ausgesprochene Sensation im Brückenbau: Zum ersten Male in Europa wurde ein Brückenbogen in seiner Gesamtheit versetzt und mit kräftigen hydraulischen Pressen um fast fünf Meter verschoben. Auf dem jüngeren Foto von 1982 ist in der Bildmitte der Kieler Fernsehturm zu erkennen, der 1976 fertiggestellt worden ist (128 u. 129).

Die bauliche Situation am oberen Sophienblatt hat sich in den letzten Jahren (die obere Aufnahme stammt von 1950) stark verändert. Die zerbombte St.-Jürgen-Kirche und der dazugehörige Friedhof, auf dem u. a. der dänische Historiker Jens Baggesen und der Balladenkomponist Carl Loewe bestattet waren, sind verschwunden. Das untere Foto, auf dem die Bahnhofshalle hinter Bäumen verdeckt ist, stellt auch schon einen vergangenen Zustand von 1980 dar; heute befindet sich dort das Gelände der Versicherungsanstalten „Provinzial Brandkasse" mit ihrem mächtigen Verwaltungsgebäude (130 u. 131).

Am äußeren Sophienblatt, dem südlichen Einfallstor Kiels, an dem in Höhe der St.-Jürgen-Kirche noch bis 1867 ein Zollschlagbaum stand, haben Verkehrsbauten immer wieder starke Veränderungen in der Stadtlandschaft bewirkt. Das alte Stadtkloster, das sich auf dem heutigen Bahnhofsvorplatz befand, mußte schon 1909 der Erweiterung des neuen Bahnhofs weichen. Die Ruine der alten St.-Jürgen-Kirche, 1902–1904 an der Stelle der alten St.-Jürgen-Kapelle erbaut, wurde 1954 gesprengt und abgetragen, um eine Verbreiterung des Sophienblattes zu ermöglichen, Aufnahmen von 1953 und 1982 (132 u. 133).

Was sich noch im zweiten Drittel des vorigen Jahrhunderts in Gaarden als idyllische Dorfstraße darbot, entwickelte sich nach der Reichsgründung zur nüchternen Industrielandschaft. Auf dem oberen Foto verliert sich der Blick in der Werftstraße in Höhe des Karlstals mit der Ruine des Verwaltungsgebäudes der Germaniawerft (links, 1950), darunter dieselbe Situation im Jahre 1981. Weihnachten 1949 kommentierte die Volkszeitung eine ähnliche frühe Aufnahme: „Die tote Straße. Zehntausende von Menschen belebten früher auf ihrem Weg zur Arbeit und nach Feierabend die Werftstraße in Kiel-Gaarden. Heute sind die Menschen größtenteils arbeitslos, und die Straße liegt gespenstisch leer da: Eine tote Straße inmitten einer toten Werft“ (134 u. 135).

Feierabendverkehr bei den Howaldtswerken 1951 und 1981 – an derselben Stelle der Werftstraße/Ecke Elisabethstraße – bei der Howaldtswerft-Deutsche Werke AG. Damals kamen die Arbeiter zu Fuß oder mit dem Fahrrad, und so manche Ehefrau wartete freitags am Werktor, um die Lohntüte in Empfang zu nehmen. Heute fahren die meisten Arbeiter – darunter viele ausländische Arbeitnehmer – mit dem eigenen Auto nach Hause, und der Lohn wird auf das Girokonto überwiesen (136 u. 137).

Im Jahre 1952 (Bild oben) weideten in der Elisabethstraße in Gaarden auf abgeräumten Trümmerflächen noch Schafe. Die Straßenbahnlinie 4 berührte damals schon die Augustenstraße und fuhr wie heute in die Elisabethstraße als Hauptgeschäftsstraße ein. Durch die Sanierung ist diesem Stadtviertel auch nach dem Kriege immer mehr alte Bausubstanz, darunter die Zeile der sogenannten schiefen Häuser am Vinetaplatz, verlorengegangen. Eine längerfristige Rahmenplanung sieht bei möglichst behutsamer Wahrung und Förderung der Unverwechselbarkeit und Eigenständigkeit eine Aufwertung des Stadtteiles vor (138 u. 139).

Von 1948 bis 1950 wurden die von den Bomben verschonten Werftanlagen auf dem Ostufer – einst Deutsche Werke und Krupp-Germaniawerft – auf Anweisung der britischen Besatzungsmacht demontiert und zerstört. Werktäglich erschütterten jeden Nachmittag ab 15 Uhr die Sprengungen die Stadt, nach der ersten Detonation konnte man die Uhr stellen. Inzwischen sind an dieser Stelle neue moderne Schiffbauanlagen entstanden, die mangels Aufträgen in den Krisenzeiten der Schiffahrt nur bedingt und mit Sonderfertigungen wie Bohrinseln usw. ausgelastet werden können. – Fotos von 1951 und 1981 (140 u. 141).

Seit Kiel im letzten Drittel des vorigen Jahrhunderts zum Reichskriegshafen erhoben wurde, erstreckten sich auf dem Ostufer kilometerlange Schiffbau- und Marineanlagen. Der Wiederaufbau nach den Zerstörungen des Zweiten Weltkrieges kam seit Mitte der 50er Jahre zügig voran. Das jüngere Foto von 1980 gibt einen eindrucksvollen Einblick in einen modernen Werftbetrieb unserer Tage (142 u. 143).

Der Luftkrieg hat das Kieler Schloß schwer in Mitleidenschaft gezogen, nur der sogenannte Rantzaubau (hinten rechts im oberen Bild) blieb weitgehend erhalten. Nach dem Abbruch der restlichen Ruinen wurde 1961 damit begonnen, auf dem Granitsockel des Ostflügels einen Neubau zu errichten. Der Nordturm, der eigentlich erhalten bleiben sollte, erwies sich in seinem Fundament als zu schwach, so daß er im Februar 1962 gesprengt und abgetragen werden mußte (144 u. 145).

Das unbefestigte Ufergelände des Hafens vom Seegarten bis zur Seeburg wurde nach dem Kriege mit Trümmerschutt zerstörter Kieler Häuser aufgefüllt und verbreitert (obere Aufnahme von 1953). Auf diesem Aufschüttungsgelände entstand der Oslokai, der im April 1961 eingeweiht und zum Angelpunkt einer erfolgreichen Fähr- und Hafenpolitik wurde. Seitdem sind die Baumaßnahmen, die die Innenförde immer mehr einschränken, nicht mehr zur Ruhe gekommen; u. a. bauten die Howaldtswerke-Deutsche Werft AG 1973–1976 ein riesiges Trockendock weit ins Wasser hinein, und 1971–1974 bzw. 1980–1984 wurde der Bollhörn- und Bahnhofskai „vorgeschuht“ (146 u. 147).

Das alte Universitätsgebäude wurde in den Jahren 1873–1876 am nördlichen Rand des Schloßgartens gebaut und im Zweiten Weltkrieg schwer beschädigt. Im Oktober 1954 versanken die Fassade und das stehengebliebene Mauerwerk durch 15 Kilogramm Sprengstoff in Schutt und Asche. Nunmehr dominiert hinter dem Reiterstandbild Kaiser Wilhelms I. der an der Hegewischstraße errichtete Neubau der Universitäts-Zahnklinik; Aufnahmen von 1950 und 1981 (148 u. 149).

Wo im Jahre 1952 vor dem Hauptgebäude der Kieler Spar- und Leihkasse noch Heu geerntet wurde, steht seit 1971 das lichtkinetische Objekt von Hermann Goepfert und Johannes Hölzinger als Stiftung der Sparkasse anläßlich ihres 175jährigen Bestehens. Dieses Objekt aus der Frankfurter „Planungsgemeinschaft für neue Formen und Umwelt“ bildet mit den Anfang einer neuen und bewußt in das Stadtbild eingebundenen Aufstellung von modernen Freiplastiken, gefolgt u. a. von der Kiel-Säule Erich Hausers vor dem Opernhaus, dem Brunnen von Max Sauk auf dem Alten Markt, dem Windobjekt von Hein Sinken vor der Kunsthalle oder der Kieler Strandfigur von Hans Kock auf dem Universitätsforum, dem Revolutionsdenkmal von Hans-Jürgen Breuste und den Plastiken Feuer-Wasser-Wind von Ulrich Beier vor der Provinzial-Brandkasse (150 u. 151).

Zwischen der Küterstraße und dem Kleinen Kiel waren im Kriege sämtliche Gebäude zerstört und die kahlen Flächen nach der Enttrümmerung mit „Gayk-Wäldchen“ bepflanzt worden. Diese Aktionen waren damals schon äußerst populär. Die Kieler Nachrichten veröffentlichten zu diesem Thema beispielsweise im September 1948 von Dieter Lütt frei nach Christian Morgenstern geschaffene Verse, in denen es u. a. heißt: Palmström ist nach Kiel gezogen / Denn die Sage von den Wäldern / Grünend über Trümmerfeldern / Hat ihn zu dem Schritt bewogen / „Meine Chance“, schloß er kühn / „Ist nicht, kleine Bäumchen ziehn / Sondern all die Bombenlücken / Geist- und kunstvoll auszuschmücken“ / . . . / Vor dem Werk von seinen Händen / Ruft man nicht nach Dach und Wänden / Jeder nun ergriffen schweigt / Palmström hat sich übergaykt. (Fotos von 1950 und 1981; 152 u. 153).

Das Stadttheater (heute Opernhaus), 1907 am Kleinen Kiel errichtet, brannte im Krieg völlig aus und wurde zur Kieler Woche 1953 mit der Beethoven-Oper „Fidelio“ wiedereröffnet. Der Baukörper wurde gestrafft; wie beim benachbarten Rathaus verzichtete man auf schwungvoll ausgeformte Dachkonstruktionen, die für dieses großstädtische Ensemble ehedem ein wesentliches Merkmal darstellten (154 u. 155).

Die einstmals trostlose untere Holtenauer Straße zwischen Jungmannstraße und Jägersberg erhielt in der ersten Hälfte der 50er Jahre ein neues Gesicht mit einheitlichen Ladenzeilen und sechsgeschossigen Wohnblocks. Das obere Foto, auf dem die östliche Seite noch unbebaut ist, entstand im Jahre 1952. Dieses Viertel gehörte zu dem Schwerpunktprogramm im Aufbauplan der Stadt, nach dem der Einsatz von Facharbeitern, Geldmitteln und Material gebietsmäßig zusammengefaßt wurde. Spätere Abhandlungen in Fachzeitschriften über den Neuaufbau der Stadt haben dieses Projekt immer wieder als geglückt und beispielgebend angeführt und von dem Vorkriegszustand positiv abgehoben (156 u. 157).

Der Luftschutzbunker Gerhardstraße/Ecke Jungmannstraße wurde nach Kriegsende gesprengt, die Bunkerreste deckte man mit Trümmerschutt ab und pflanzte vor den künstlichen Hügel („Mount Klamott") junge Bäume an. Inzwischen sind sie groß geworden und das letzte Beispiel eines damals überall im Stadtgebiet auf Trümmergrundstücken angelegten „Gayk-Wäldchens". Die Absicht, eine möglichst breite Grünzone vom Prof.-Peters-Platz am Westring über den Schrevenpark, den Grünstreifen Mittel-/Koldingstraße, die Kliniken und den Schwanenweg bis hin zum Hafen anzulegen, ist eine der tragendsten Ideen des Wiederaufbaus der Stadt und hat das ehemalige „Nachtjackenviertel" zwischen der Schauenburger-, Jungmann- und Annenstraße städtebaulich nachhaltig aufgewertet (158 u. 159).

Der alte Marinesignalturm an der Blücherbrücke war einst ein markantes Wahrzeichen an der Kieler Förde. Er diente der Nachrichtenübermittlung zu den im Hafen liegenden Kriegsschiffen; 1959 mußte er abgebrochen werden, nachdem ihm Sprengungen in nächster Nähe Schaden zugefügt hatten. An gleicher Stelle entstand später das kleine Dienstgebäude des Kieler Hafenkapitäns (Fotos von 1950 und 1984; 160 u. 161).

Rechte Seite: Der Windjammer „Winterhude" lag lange Zeit an der Blücherbrücke (Foto oben von 1952), ein stolzer Segler, der

1898 auf der renommierten Rickmers-Werft in Bremerhaven gebaut und unter verschiedener Flagge auf allen Weltmeeren zu Hause gewesen war. Anfang des Krieges hatte ihn die deutsche Marine gekapert, im September 1945 gelangte er nach Kiel und wurde schließlich in Hamburg verschrottet. 1958 lief das neue Segelschulschiff der Bundesmarine, die Bark „Gorch Fock", vom Stapel, das seitdem seinen festen Liegeplatz an der inzwischen des Signalturms beraubten Blücherbrücke innehat. Hier machen auch nach Möglichkeit die großen Segler fest, die zu Kieler-Woche-Treffen und Windjammerparaden nach Kiel kommen (162 u. 163).

Mit dem Bau des Nord-Ostsee-Kanals 1895 erhoffte sich die Stadt Kiel eine Belebung der Hafenwirtschaft. Im Bereich der Stadtgrenze wurden hauptsächlich in den 20er Jahren der Nordhafen und Versorgungsbetriebe auf dem südlichen Kanalufer eingerichtet. 1918–1921 bauten die Stadtwerke das Gas- und Elektrizitätswerk Wik zum Groß-Kraftwerk aus (Foto oben, Bildmitte); 1927 wurde ein 110 Meter hoher Schornstein, 1956 ein weiterer als Zwillingsschornstein errichtet. „Über 20 Fliegergroßangriffe während des letzten Krieges hatten die Krafwerke Wik nahezu dem Erdboden gleichgemacht. Die Gasversorgung Kiels lag so gut wie brach – und es dauerte lange Zeit, bis der Gasherd die Brennhexe ablöste. Der Wiederaufbau der Wiker Kraftwerke gehört mit zu den eindrucksvollsten Beweisen ungebrochener Schaffenskraft. Jedermann in unserer Stadt konnte – wenn er wollte – bei sich zu Hause den Fortschritt der Wiederaufbauarbeiten in der Wik beobachten: ‚Die stetig steigende Höhe der Zahlen am Gasableser erzählten uns davon, daß es vorwärts geht in der Wik!'" (Kieler Nachrichten vom 2. Juni 1954; 164 u. 165).

Friedrichsort, seit 1922 Kieler Stadtteil, hat nach dem Kriege ebenfalls starke Veränderungen des Ortsbildes erlebt. Die alten Arbeitersiedlungen sind stark geschrumpft und von Neubauten verdrängt worden (Foto von 1958; 166).

Das langjährige Wahrzeichen, der gemauerte Friedrichsorter Leuchtturm, wurde 1971 durch einen neuen unbemannten Stahlturm ersetzt. Es war nicht möglich, beide Türme nebeneinander, wie hier auf diesem Foto, als Beispiele unterschiedlicher technischer Entwicklungsstufen zu erhalten. Die Laterne des abgebrochenen Turms steht heute als Dekorationsobjekt am Bootshafen (167).

Der Mettenhof vor 1960. Im Hintergrund das Wohnhaus, davor zwei Mauerpfosten, an deren Stelle bis 1927 das Torhaus stand. Dieser langjährige Meierhof des adligen Guts Quarnbek wurde 1963 in die Stadt Kiel eingemeindet, nachdem sie schon vor dem Zweiten Weltkrieg 20 Hektar Fläche erworben hatte. Das Loschelder-Gutachten über die Raumprobleme der Stadt Kiel hatte schon Mitte der 50er Jahre die Eingliederung des Ortes Mettenhof empfohlen, da er in baulicher, wirtschaftlicher, verkehrs- und versorgungsmäßiger Hinsicht eng mit Kiel verflochten sei und durch seine außerordentlich hohe Pendlerzahl eindeutig zu dessen engerem Vorortsgebiet gehöre. 1960 kaufte sich die Gemeinnützige Wohnungs- und Siedlungsgesellschaft „Neue Heimat“ ein und begann mit der Planung der großen westlichen Kieler Trabantenstadt (168).

Ansicht des nordöstlichen Mettenhofer Baugeländes, im Hintergrund der Kieler Sender am Heischberg, 1957. Unten: Luftbild von Mettenhof, links im Hintergrund der Sendemast. 1965 wurde mit den Bauarbeiten begonnen; die erste Wohnung konnte im Herbst 1966 bezogen werden. Die neue Wohn- und Schlafstadt auf der grünen Wiese, ursprünglich für 40 000 Menschen geplant und zeitweise die größte Baustelle Europas, hat heute über 18 000 Einwohner. Kritiker derartiger Wohnsiedlungen vermissen vor allem ein Lokalkolorit, Raum für Individualität und nachbarschaftliche Kontakte, kurz: die Merkmale für eine „höhere Qualität des Wohnens“. Das Projekt Mettenhof hat jedoch entscheidend zur Entschärfung des Wohnraummangels beigetragen (169 u. 170).

Die Levensauer Hochbrücke über den Nord-Ostsee-Kanal, erbaut 1894, entsprach mit ihren wehrhaften Turmaufbauten dem Zeitgeist der Wilhelminischen Ära und hat beide Weltkriege überdauert. Um sie dem verstärkten Verkehr anzupassen und verbreitern zu können, wurde sie 1954 „abgespeckt“ und ihrer zwei Türme und der Gitterkonstruktion beraubt. („Es blieb nur der Kern, der Pomp verschwand.“) Die Tragfähigkeit wurde um fast zwei Drittel auf 60 Tonnen vergrößert und die Fahrbahn auf 7 Meter verbreitert. Trotzdem erwies sich die Levensauer Kanalüberquerung schon bald wieder als Verkehrsnadelöhr, so daß 1981 mit dem Bau einer neuen Hohlkastenbrücke mit einer lichten Weite von 184 Metern zwischen den Pfeilern begonnen wurde (171 u. 172).

Kieler Stadtchronik 1945–1960

bearbeitet vom Stadtarchiv

1945

4. Mai Erste englische Soldaten erreichen Kiel, ab 7. Mai beginnt die militärische Besetzung der Stadt.

8. Mai Tag der Kapitulation der deutschen Wehrmacht. – Kieler Statistik des Grauens:
– Bei insgesamt 90 Luftangriffen fielen über 43 000 Sprengbomben, 900 Minenbomben und rund 500 000 Brandbomben auf Kiel.
– Opfer der Angriffe: 2838 Tote (ohne Soldaten), 5181 Verletzte, rund 167 000 Obdachlose. Die Zahl der Toten wäre höher gewesen, wenn nicht über 150 000 Kieler durch Evakuierung, Verschickung der Schulkinder, usw. die Stadt während der Kriegsjahre verlassen hätten. Am 1. Januar 1945 hatte die Stadt nur 143 000 Einwohner.
– Zerstörte Gebäude: 7416 (34,7 %), beschädigte Gebäude: 8592 (40,1 %), unbeschädigte Gebäude: 5400 (25,2 %). Trümmerschutt: ca. 5,2 Mio. cbm.
– Total zerstörte Wohnungen: 33 889 (40,5 %), beschädigte Wohnungen: 33 420 (39,9 %), unbeschädigte Wohnungen: 16 464 (19,6 %).
– In der Altstadt, in der Brunswik und in Ellerbek wurde der ursprüngliche Gebäude- und Wohnbestand fast völlig vernichtet; nur 3 bis 4 % aller Gebäude blieben in diesen Stadtteilen unberührt.
– Die Verluste unter der Bevölkerung wären ohne die Luftschutzmaßnahmen noch weit höher gewesen. Es waren in Kiel vorhanden: 17 Tiefbunker, 28 Hochbunker, 18 Luftschutzstollen, 26 Luftschutzdeckungsgräben, 16 Schutzräume in öffentlichen Gebäuden, 19 Werkluftschutzbunker, 10 Marine-Hochbunker, 132 Fünf-Mann-Bunker (Pilze), 119 Feuerlöschteiche.
– Gesamtalarmdauer in Kiel während des Krieges: 29 Tage, 17 Stunden, 41 Minuten. Längster Alarm: 4 Stunden und 52 Minuten am 7./8. April 1941. Insgesamt gab es 633 Alarme.

15. Mai Die britische Militärregierung setzt Dr. jur. Max Emcke als kommissarischen Oberbürgermeister von Kiel ein.

2. Juni Der Oberbürgermeister erläßt ein Zuzugsverbot. Ferner setzt der Militärgouverneur die Reihenfolge der Dringlichkeit für Bauvorhaben fest: Vordringlich sind 1. Militärbauten, 2. Verkehrsbauten, 3. Bauten für die Erhaltung der Volksgesundheit (Kanalisation).

4. Juni Das „Kieler Nachrichten-Blatt" der Militärregierung veröffentlicht in der Nr. 1 einen ersten Aufruf des Oberbürgermeisters an die Bevölkerung der Stadt: „Wir sind eine Notgemeinschaft. Ich brauche Ihre Hilfe."

16. Juni Der Oberbürgermeister verbietet die Entnahme von Balken und Brettern aller Art aus bombengeschädigten Häusern und sonstigen Schadensstellen, da dieses Holz zum Wiederaufbau unbedingt benötigt wird.

18. Juni Das „Kieler Nachrichten-Blatt" wird weiterhin u. a. in Schaufenstern ausgehängt, weil die Auflage nicht mit der Nachfrage Schritt halten kann.

19. Juni Kein Haushalt darf zunächst wöchentlich mehr als 0,5 kWh je Wohnraum aus dem öffentlichen Stromnetz entnehmen.

25. Juni Der Nord-Ostsee-Kanal ist wieder in voller Länge befahrbar.

27. Juni Der Adolf-Hitler-Platz wird in Rathausplatz, der Horst-Wessel-Park in Werftpark, die Straße der SA in Eckernförder Allee und die Litzmannstraße in Weidenweg umbenannt.

Juli Erstmals wird mit auswärtigen Firmen verhandelt, die in Kiel, insbesondere auf dem von der Besatzungsmacht noch blockierten Ostufer, ansässig werden wollen. Die Stadtverwaltung bemüht sich, Industrieunternehmen nach Kiel zu ziehen, da viele Produktionsstätten und Arbeitsplätze weggefallen sind. Die Verhandlungen bleiben weitgehend erfolglos, da die Zuweisung von geeigneten Räumen wegen der Beschlagnahme der Militärregierung nicht möglich ist.

3. Juli Der Oberbürgermeister weist darauf hin, daß es ungesetzlich und strafbar ist, frühere Mitglieder der NSDAP oder ihrer Gliederungen unter Umgehung amtlicher Stellen aus ihrem Wohnraum zu verdrängen oder sie zu Sonderarbeiten heranzuziehen.

9.–15. Juli Amnestiefrist der Militärregierung für die Abgabe verbotener Waffen und Munition.

11. Juli Pressenotiz: Bisher sind 494 Nazis aus der Stadtverwaltung entlassen worden.

16. Juli Wiederaufnahme des Kraftpostverkehrs von Kiel nach Hamburg, Schleswig, Lübeck und Rendsburg sowie des Stadtverkehrs mit Omnibussen; Fördedampfer verkehren schon seit längerer Zeit wieder.

24. Juli Der englische Großadmiral Cunningham besichtigt den Kieler Hafen.

30. Juli Die Stadtverwaltung hat bislang 500 Opfer des Nazi-Terrors betreut; ein entsprechender Hilfsausschuß hat sich am 24. Juli gebildet.

9. Aug. Anordnung der Militärregierung: Zum Zwecke der Heranziehung zum Notdienst (Aufräumungsarbeiten in der Stadt) haben sich folgende Arbeitslose zu melden: alle deutschen Männer vom 15. bis 60. Lebensjahr, alle deutschen Frauen vom 15. bis 40. Lebensjahr einschließlich der Flüchtlinge. Es geht insbesondere um die Sicherstellung von Baustoffen für das Winterfestmachungsprogramm; Beginn der Trümmerräumung.

14. Aug. Aufruf zur Büchersammlung für verwundete und kriegsgefangene Soldaten.

15. Aug. Pressenotiz: Seit Anfang August wieder Reisebetrieb auf dem Kieler Hauptbahnhof. – Der bisherige kommissarische Oberbürgermeister Max Emcke als Oberbürgermeister bestätigt.

18. Aug. Die Kieler können wieder ins Kino gehen und machen davon „in hellen Scharen" Gebrauch. – Erstmalig wieder Kieler Jahrmarkt; er bleibt mittwochs und sonnabends für die Angehörigen der Besatzungsmacht reserviert.

22. Aug. Sportschau des „Kieler Kurier": Kieler Fußballspieler fanden sich dieser Tage zusammen, um wieder den langentbehrten Fußball zu spielen.

27. Aug. Erste Sitzung des neueingerichteten Landgerichts.

28. Aug. Pressenotiz: Die Niederdeutsche Bühne eröffnet ihre 25. Spielzeit mit zwei Neuinszenierungen im „Theater am Wilhelmplatz" (Klubhaus des Westens).

29. Aug. Im „Kieler Kurier" wird die Eröffnung der Universität im Gebäude der Elek-

tro-Akustik (Elac) für November angekündigt.

30. Aug. Der Morgenzug nach Neumünster braucht für diese Strecke über $2^1/_2$ Stunden (Kiel–Flensburg über 6 Stunden).

31. Aug. – 4. Sept. „Kieler Woche" für die Besatzungstruppen, u. a. Segelregatten und eine „bunte Schau der Leibesübungen".

6. Sept. Wiedereröffnung der Tauschzentrale.

10. Sept. Wieder Todesstrafen des Oberen Militärgerichts wegen ungesetzlichen Waffenbesitzes.

16. Sept. Aus der Umgebung werden Bauarbeiter in die Stadt gebracht, um vor Einbruch des Winters beschädigte Wohnungen instand zu setzen.

20. Sept. Die Graf-Spee-(Humboldt-)Schule nimmt als erste höhere Schule der Provinz den Unterricht wieder auf.

4. Okt. Das Landgericht verurteilt eine Bäuerin wegen Schwarzschlachtens zu vier Monaten Gefängnis.

7. Okt. Wiedereröffnung des Stadttheaters in der Holtenauer Straße mit „Figaros Hochzeit".

9. Okt. Das „Kieler Nachrichten-Blatt" meldet die bevorstehende Gründung eines Gewerkschaftsverbandes in Kiel.

18. Okt. Das „Kieler Nachrichten-Blatt" meldet, daß die Universität an Bord der drei Schiffe „Sofia", „Barbara" und „Hamburg" eröffnet werden wird.

29. Okt. Wieder Zivilgerichte in Kiel.

1. Nov. Eröffnung des 1. Semesters der Staatlichen Ingenieurschule nach dem Kriege.

3. Nov. Große Polizeirazzia auf dem Schwarzen Markt in Gaarden, „einige hundert" Festnahmen.

18. Nov. Erste öffentliche Veranstaltung der KPD.

21. Nov. Rundfunkansprache Oberbürgermeister Emckes unter dem Motto „Arbeiten und nicht verzweifeln!"

26. Nov. Eröffnung des Schleswig-Holsteinischen Oberlandesgerichts in Kiel.

27. Nov. Wiedereröffnung der Universität in der Elac.

30. Nov. Bis heute müssen die Uniformen entlassener ehemaliger Wehrmachtsangehöriger umgefärbt sein.

1. Dez. Die ersten Mittelschulen nehmen ihre Arbeit auf.

6. Dez. Erstes Zusammentreffen der von der Militärregierung ernannten Ratsausschüsse (Stadtvertretung) mit Vertretern der SPD, CDP und KPD.

12. Dez. Erste öffentliche Kundgebung der Christlich-Demokratischen Partei CDA.

13. Dez. Beschlußfassung der Stadtvertretung über eine Verfassung der Stadt Kiel und eine Geschäftsordnung für ihre Sitzungen.

14. Dez. Offizielle Zulassung der SPD und KPD und Genehmigung öffentlicher Betätigung. Der Vorsitzende der SPD ist Karl Ratz, Fraktionsvorsitzender Andreas Gayk; Vorsitzender der KPD ist Otto Preßler, Fraktionsvorsitzender Bernhard Karge.

16. Dez. Mit ihrer zweiten Kundgebung tritt die SPD aus dem Stadium der vorbereitenden Arbeit heraus.

27. Dez. Die Stadtvertretung wählt den Regierungsrat Walther Lehmkuhl (SPD) mit 28 gegen 19 Stimmen zum Oberstadtdirektor (Verwaltungschef).

31. Dez. Pressenotiz: Dieser Tage hat die Stadtbücherei ihre Tätigkeit „zum Wohle des geistigen und kulturellen Lebens" am Winterbeker Weg wieder aufgenommen.

6. Jan. Sprengung des großen U-Boot-Bunkers der Deutschen Werke.

26. Jan. Gründungsversammlung der SPD Kiel in der Elac. Der bisherige provisorische Vorstand wurde durch eine Wahl bestätigt.

30. Jan. Im „Kieler Kurier" wird eine Volkshochschule für Kiel angekündigt; erstes Semester von Februar bis April.

5. Febr. Beginn der Schulspeisung für 22 000 Kieler Schulkinder aus 7 Großküchen auf Initiative der Militärregierung. Unkostenbeitrag 25 Pfg. pro Mahlzeit.

14. Febr. Oberbürgermeister Max Emcke scheidet „auf Anraten der Kontrollkommission für Deutschland" aus seinem Amt aus, Bürgermeister Otto Tschadek übernimmt kommissarisch die Amtsgeschäfte. Walther Lehmkuhl wird als Oberstadtdirektor in sein Amt eingeführt.

16. Febr. Beginn der Vorlesungen der Volkshochschule.

21. Febr. Der Oberbürgermeister gibt bekannt, die Militärregierung habe das städtische Wohnungsamt angewiesen, das Zuzugsverbot mit äußerster Strenge zu handhaben.

23. Febr. Die Ernennung von Andreas Gayk zum Bürgermeister durch die Militärregierung wird von der Stadtverwaltung einstimmig gebilligt.

26. Febr. Eröffnung des von der Militärregierung ernannten Provinzial-Landtages im Neuen Stadttheater in Kiel.

6. März Pressenotiz: Erfolgreiche Probefahrt der ersten in Friedrichsort gebauten Diesellokomotive.

7. März Das Mittlere Militärgericht verurteilt einen Schwarzhändler zu fünf Jahren Gefängnis und 50 000 Mark Geldstrafe.

11. März Die Stadtvertretung wählt Willi Koch (CDU) einstimmig zum Oberbürgermeister.

11. bis 13. März Lehrgang für Verbindungsmänner zwischen der Militärregierung und deutschen Dienststellen unter dem Motto „Schule der Demokratie".

23. März Der „Kieler Kurier" berichtet über eine Kieler Arbeitsgemeinschaft für Behelfsbauweisen, die insbesondere die Lehmbauweise erforschen will.

25. März Die Militärregierung vergibt Zeitungslizenzen an Willi Koch (CDU) für die „Kieler Nachrichten", Karl Ratz (SPD) für die „Schleswig-Holsteinische Volkszeitung" und Heitmann, Oertel und Böckmann (KPD) für das „Norddeutsche Echo".

28. März Einstellung des „Kieler Nachrichten-Blattes", am 30. März auch des „Kieler Kuriers".

1. April Nächtliches Attentat auf die KZ-Ausstellung des Malers Richard Grune, alle Bilder werden vernichtet.

3. April Die ersten Ausgaben der „Kieler Nachrichten", der „Schleswig-Holsteinischen Volkszeitung" (SPD) und des „Norddeutschen Echos" (KPD) erscheinen.

9. April Tödlicher Unfall durch das Nachstürzen von Schuttmassen in einem Bombentrichter.

10. April Die Kriminalpolizei warnt vor der verheerenden Wirkung beim Genuß von Methylalkohol, der schon mehrere Tote gefordert habe.

12. April Die Militärregierung fordert eine Konzentration der nicht ausgelasteten Industrie.

17. April Für das Nichtbeachten einer Anordnung der Militärregierung bestraft das Untere Militärgericht einen Angeklagten zu einer Geldstrafe von 500 RM.

24. April Die Presse berichtet über Spendenaktionen der schwedischen Kirche.

25. April Große Militärparade vor dem Divisionskommandeur vom Rathausplatz bis zu den Dorset-Kasernen.

27. April Die Polizei verstärkt den Schutz der 22 000 Pachtgärten gegen Felddiebstähle.

4. Mai Die Barackenstadt am Hohenzollernring (Westring) geht ihrer Vollendung entgegen.

8. Mai Aufruf der Stadtverwaltung zum ehrenamtlichen Aufräumdienst („nicht nur demokratisch denken, sondern auch demokratisch handeln").

10. Mai Der Oberpräsident wird erstmals gebeten, bei der Militärregierung die Freigabe einer Reihe von Gebäuden und Anlagen auf dem Ostufer für die Ansiedlung von Industrie-Unternehmen zu erwirken.

11. Mai Sofortige Aufhebung des wöchentlichen Strom-Spartages für alle Fabriken, Werkstätten, Läden usw.

15. Mai Resolution der Stadtverwaltung zum Aufbau einer Friedensindustrie in Kiel.

22. Mai Der neue Personenzug Kiel—Hamburg hat folgende Fahrzeiten: ab Kiel 6 Uhr, an Hamburg-Altona 9.23 Uhr.

25. Mai Entschließung der Kieler Handwerkerschaft zum Aufbau einer Friedensindustrie.

29. Mai In der Stadtvertretung werden die Grundsätze für den Neuaufbau der Stadt Kiel erörtert (Generalbebauungsplan). – Großkundgebung „Was wird aus Deutschland?" mit dem SPD-Vorsitzenden Kurt Schumacher.

1. Juni Pressenotiz: Die Howaldtswerke werden nicht für Reparationszwecke in Anspruch genommen und bleiben als Reparaturwerft erhalten.

6. Juni KPD-Versammlung in der Universitätsaula.

13. Juni Großkundgebung gegen Sprengungen und Demontagen auf dem Ostufer: „Kiel kämpft um seine Lebensgrundlage".

18. Juni Erklärung der britischen Militärregierung vor Vertretern der Kieler Wirtschaft: Es ist „die feste Absicht der Unterzeichner des Potsdamer Abkommens, alles zu tun, um Kiel nie wieder zu einer Kriegsmarinebasis kommen zu lassen". Das ist „unabänderlich".

20. Juni Neuer Flüchtlingstransport von 1500 Personen aus den jetzt polnischen Gebieten trifft in Kiel ein.

22. Juni Pressenotiz: Kartoffelkäfer nun auch in Kiel.

26. Juni Probesprengung der Militärregierung auf dem Gelände der Germania-Werft.

10. Juli Presseaufruf: Kampf den Hamsterern! Erfüllt Eure Ablieferungspflicht!

13. und 14. Juli Rekordbeteiligung am Ehrenamtlichen Aufräumdienst mit 813 Personen.

18. Juli Sprengung von Flakständen in Hassee.

24. Juli Veröffentlichung der Erklärung der Militärregierung, daß das Ehrenmal Laboe nicht zerstört werde. – Die Kieler Schweinemäster rufen dazu auf, Küchenabfälle zu sammeln und zur Verfügung zu stellen.

1.– 5. Aug. 2. „Kieler Woche" als Sportveranstaltung für die britischen Besatzungssoldaten.

3. Aug. Pressenotiz: Der Krieg hat mit seiner Auflockerung der Moral auch das Treiben der Heiratsschwindler begünstigt. Das Standesamt Kiel hatte fünf Bigamie-Fälle in einem Vierteljahr zu verzeichnen.

8. Aug. Wiedereröffnung des Zoologischen Museums.

14. Aug. Auf der Pressekonferenz der Militärregierung unterstreicht diese ihr großes Interesse an der Gewerkschaftsbewe-

gung als Garant einer Entwicklung, die die Kriegsursachen beseitigen könne.

16. Aug. Grundsätzliche Entscheidung der Militärregierung, die Howaldtswerke als Reparaturwerft zu erhalten, den Aufbau einer Leichtindustrie auf dem Ostufer zu genehmigen, jedoch große Teile der vorhandenen Anlagen auf dem Ostufer zu zerstören.

21. Aug. Das Obere Militärgericht verhängt fünf Jahre Gefängnis für illegalen Waffenbesitz.

24. Aug. Pressenotiz: Die Diebstähle in den Kleingärten nehmen zu.

28. Aug. Pressenotiz: Politische Heimkehrer, die wegen ihrer antinazistischen Einstellung flüchten mußten und jetzt wieder zurückgekehrt sind, sind bei der bevorstehenden Stadtvertretungswahl wahlberechtigt.

17. Sept. Konrad Adenauer spricht auf einer CDU-Massenkundgebung.

Okt. In einem Howaldt-Gebäude kommen erste Ansiedlungsbetriebe unter, darunter Dr. Hell-Fernschreiber und „Breca"-Verbandstoffabrik.

7. Okt. Eröffnung eines öffentlichen Leseraumes der Militärregierung in einer geräumigen Baracke in der Treppenstraße.

13. Okt. Ergebnis der ersten Stadtvertretungs-Wahlen in Kiel: 28 Sitze für die SPD, 16 Sitze für die CDU, 1 Sitz für die KPD; (SPD 127 000, CDU 100 000, KPD 19 000, FDP 8000 Stimmen).

18. Okt. Die Stadtvertretung wählt Andreas Gayk (SPD) zum Oberbürgermeister und Walter Breitenstein (CDU) zum Bürgermeister.

23. Okt. Tabak-Umtausch-Regelung für Kleinpflanzer. Feinschnitt oder Pfeifentabak gegen Rohtabak.

29. Okt. Volkszählung in Kiel; vorläufiges Ergebnis: 213 299 Einwohner (46,6 % männlich, 53,4 % weiblich).

23. Nov. Pressenotiz: Dieser Tage fand die erste Nachkriegs-Kleiderschau statt, „um zu zeigen, daß trotz der Schwere der Zeit sich doch wieder geschickte Hände mit modischen Dingen befassen und das wenige Material wirkungsvoll zu vermehren wissen."

24. Nov. Eröffnung der Kieler Kunsthalle.

27. Nov. Die Universität ruft zu Bücherspenden auf.

28. Nov. Der neue Schleswig-Holsteinische Landtag tritt in der Pädagogischen Hochschule zusammen.

30. Nov. Einweihung der wiedererstandenen Vereinsbäckerei Gaarden.

16. Dez. Weihnachtsaufruf des Oberbürgermeisters: Gebt Möbel und Hausrat für die Heimatvertriebenen!

24. Dez. Kieler Nachrichten: „Ein warmer Ofen, ein Buch, ein Zeitung – das sind unsere bescheidenen Weihnachtswünsche im Jahr 1946."

31. Dez. Im Jahresbericht des Stadtwirtschaftsamtes für 1946 heißt es: „Der Wirtschaftsaufbau Kiels ist praktisch nicht von der Stelle gekommen. Ein Vorwärtskommen wurde versperrt, einmal durch die Besatzungsmacht, die verwendungsfähige Gebäude und Einrichtungen der früheren Werft-, Rüstungs- und Kasernenanlagen trotz dringlicher Vorstellungen nicht für neue Industrien freigab, zum anderen durch die Trümmermassen, die z. Zt. das Bild auf dem Ostufer beherrschen."

4. Jan. Aufruf: Schont unsere Bäume! Als Ausweich-Brennstoffe werden genannt: Kohlenschlamm, Emscher- und Klärschlamm, Kohlen- und Koksgrus, Brikettabtrieb, Torf und Klaubekoks.

7. Jan. 15 Grad Kälte in Kiel. Wegen Kohlenmangels werden die Schul- und Universitätsferien verlängert. – Protestkundgebung in den Howaldtswerken wegen unzureichender Brennstoff-Zuteilung. – Der Fährverkehr Kiel—Gaarden wird als Behelfsverkehr wieder aufgenommen.

11. Jan. Neue Stromsperrzeiten: zwischen 7 und 11 Uhr und 17 bis 19.30 Uhr.

16. Jan. Eröffnung eines deutsch-englischen Kulturclubs.

25. Jan. Gründungstagung des Schleswig-Holsteinischen Heimatbundes.

4. Febr. Der Kieler Hafen ist infolge von Vereisung von der Ostsee abgeschnitten.

8. Febr. Der Unmut der Bevölkerung über die Kohlennot und die damit im Zusammenhang stehenden „so überaus lästig empfundenen" Stromabschaltungen ist im Steigen begriffen.

11. Febr. Gründung des Kieler Kulturringes.

12. Febr. Die Gesellschaft für Kieler Stadtgeschichte kündigt die Wiederaufnahme ihrer Tätigkeit an.

15. Febr. Die Presse meldet die frevelhafte Abholzung von Obstbäumen und Sträuchern in den Schrebergärten als Folgeerscheinung der Kältewelle.

22. Febr. In diesen Tagen ruht die Arbeit bei den Howaldtswerken wegen Kohlen- und Stromschwierigkeiten. – Eröffnung des Lese- und Informationsraumes „Die Brücke" im Rathaus.

1. März Eröffnung der Lehrwerkstätte auf dem Gelände der Germaniawerft.

6. März Amtliche britische Mitteilung, daß das Kriegsmarine-Arsenal demontiert wird.

12. März Britische Kleiderspende einzelner Privatpersonen, Kirchen, Schulen und anderer Organisationen eingetroffen.

15. März Die Presse meldet die erste deutsch-englische Eheschließung durch den britischen Marine- und Armeepfarrer und das Kieler Standesamt.

19. März Ein Kind wird durch den Einsturz einer Hausruine in der Holstenstraße getötet.

24. März Haushaltsberatungen ergeben einen Fehlbetrag von 37 Millionen RM für das Jahr 1947.

26. März Ratsversammlung: Beschluß über Ideenwettbewerb für die städtebauliche Gestaltung der Innenstadt.

1. April Der Ehrenamtliche Aufräumdienst wird nach Eintritt der milden Witterung wieder voll aufgenommen.

2. April Gründungsversammlung der „Gesellschaft der Freunde Coventrys", Präsident: Oberbürgermeister Gayk.

15. April Massendemonstration auf dem Rathausplatz gegen Hunger und Elend.

16. April Die Presse meldet von großen Lebensmitteldiebstählen an den Osterfeiertagen.

20. April Landtagswahlen; in den vier Kieler Wahlkreisen errang die SPD 3 Sitze, die CDU 1 Sitz.

26. April Wegen empfindlichen Mangels an Baustoffen werden nur noch vordringliche Baugesuche genehmigt.

1. Mai Maifeier vor dem Gewerkschaftshaus, das offiziell an die Arbeiterschaft zurückgegeben wird.

6. Mai Rückkehr des ersten Kieler Kindertransports aus der Schweiz.

10. Mai Pressenotiz: Kiel ist z. Zt. die einzige Stadt in Deutschland ohne Kirchen (Einweihung der ersten Notkirche am 23. Mai).

24. Mai Überraschende Razzia auf Schwarzhändler am Hauptbahnhof; über 100 verdächtige Personen werden festgenommen.

14. Juni Die „Kieler Nachrichten" berichten vom „Arbeitserziehungslager" Nordmark, wo von den Nationalsozialisten vor den Toren Kiels Massenmorde begangen worden sind. Bei Ausgrabungen sieht man in einem freigelegten Massengrab „planlos übereinander gehäufte Leichen, teils bekleidet, teils nackt, darunter solche von Jugendlichen, auch Mädchen."

21. Juni Mit „Sag die Wahrheit" ist das erste Lustspiel der neuen deutschen Filmproduktion zu sehen.

24. Juni Zwei Frauen gehen wegen verlorener Lebensmittelkarten in den Tod: „Ein tragischer Vorfall, der bezeichnend ist für die gegenwärtige seelische Verfassung der Menschen." (KN).

7. Juli Die britische Militärregierung gibt die frühere Kolbewerft als ersten größeren Gesamtkomplex für die Errichtung eines Hochseefischmarktes frei.

15. Juli Eröffnung des Museums für Völkerkunde und der Erweiterung des Zoologischen Museums.

16. Juli Pressenotiz: Das erste „Standard-Super" Rundfunkgerät bei Hagenuk fertiggestellt.

30. Juli Die Presse berichtet von einer Gerichtsverhandlung, in der in Kiel erstmals ein NS-Verbrecher verurteilt wird.

2. Aug. Zirkus Belli gastiert auf dem Wilhelmplatz.

12. Aug. Erste Hauptversammlung der Gesellschaft für Kieler Stadtgeschichte nach der Kapitulation.

14. Aug. Abschluß des Internationalen Medizinertreffens.

15. Aug. Ausschreibung des Ideenwettbewerbs zur Erlangung von Entwürfen für die städtebauliche Gestaltung der Kieler Innenstadt. Als Preise sind insgesamt 18 000 RM ausgesetzt worden.

28. Aug. Erstmals nach neun Jahren wieder Vogelschießen in „fast friedensmäßiger" Durchführung.

30. Aug. Ein englischer Offizier organisiert Flüchtlingshilfe mit Kleidungsstücken.

7. bis 14. Sep. Gedenkwoche der „Vereinigung der Verfolgten des Naziregimes" zu Ehren der Opfer des Nationalsozialismus.

8. Sept. Prozeßbeginn gegen ehemaligen SA-Hauptsturmführer als Mittäter an der Zerstörung der Synagoge am 9. November 1938.

9. Sept. Ein Großräumgerät hat nach einer vielmonatigen Montagearbeit in der Holtenauer Straße seine Arbeit aufgenommen.

11. Sept. Verabschiedung einer einmütigen Stellungnahme zur Holmag-Demontage auf einer außerordentlichen Sitzung der Stadtvertretung.

12. Sept. Wiedereröffnung des Botanischen Gartens und des Gewächshauses.

15. bis 20. Sept. Herbstwoche „Kiel im Aufbau", Verleihung der Ehrenbürgerschaft an den in Kiel geborenen Physiker Max Planck.

16. Okt. Auf der endgültigen Demontageliste stehen folgende Kieler Betriebe: Anschütz, Elac, Emil Schulz, Holmag (früher Deutsche Werke Friedrichsort), Kriegsmarine-Arsenal, Land- und See-Leichtbau, H. Walter.

25. Okt. Nach einer vorläufigen Erhebung befinden sich noch 3610 Personen aus Kiel in Kriegsgefangenschaft, 5259 werden vermißt.

29. Okt. Vor dem britischen Militärgericht zur Aburteilung von Kriegsverbrechen beginnt in Hamburg der Prozeß gegen ehemalige Bewachungsmannschaften im Konzentrationslager („Arbeitserziehungslager Nordmark") in Hassee.

12. Nov. Pressenotiz: Fensterglas stark verknappt, Schuhmacher ohne Material.

18. Nov. Die Umbau- und Reparaturaufträge der Howaldtswerke an ausländischen Schiffen haben zur Zeit einen Wert von etwa 2 Millionen Dollar. Der Betrieb arbeitet inmitten von Ruinen und notdürftig wiederhergestellten Werkstätten und beschäftigt wieder rund 4000 Mann.

22. Nov. Eine Modenschau im Restaurant Eichhof demonstriert das „zeitlose Gewand, das uns die Not der Zeit zu tragen zwingt."

26. Nov. Die Stadt übergibt der britischen Militärregierung den 1. Verwertungsplan für das Ostufer, in dem der Industrieeinsatz von 90 Firmen genannt ist.

8. Dez. Zwei Todes- und hohe Gefängnisstrafen im Prozeß um das frühere „Arbeitserziehungslager Nordmark".

9. Dez. Pressenotiz: Im November wurden 50 Schieber verhaftet.

24. Dez. Den Heiligen Abend verbringen fast 200 Heimatlose und Einsame im Wartesaal des Hauptbahnhofs.

1948

1. Jan. Die Firma Zeiss-Ikon AG nimmt die Produktion in den Räumen des ehemaligen Sperrversuchskommandos in der Wik auf.

6. Jan. Die Presse erläutert, was einer dreiköpfigen „braven Bürgerfamilie" droht, die „gewisse Spielregeln" beachtet, um „leben" zu können: Sie hätte nach den bestehenden Gesetzen und Verordnungen im vergangenen Jahr eine Gesamtstrafe von 5 Jahren erwirkt wegen Schwarzhandels, Hehlerei, Betrug etc.

13. Jan. Als „trübe Erscheinungen und typische Großschwarzhändler" werden 12 Angeklagte einer Fettmarken-Fälscherbande verurteilt.

15. Jan. Vorübergehende Beimischung von/bis zu 20 % Mais im Brot.

17. Jan. Ein Schneider propagiert das „Modell 48", einen Herrenanzug aus 96 Flikken.

22. Jan. Beim Kohlensammeln wird eine Frau auf den Bahngleisen in der Wik von einem Zug erfaßt und tödlich verletzt.

10. Febr. Zur Durchführung des „Speisekammer-Gesetzes" muß jeder Haushalt, dessen Bestände an Mehl eine Monatsration und die zulässige Gesamtmenge an Einkellerungskartoffeln übersteigt, einen entsprechenden Fragebogen ausfüllen.

12. Febr. Für den Erwerb eines Herren-Wintermantels sind 155, für Unterhosen 12 Punktmarken nötig.

28. Febr. Durch das Mitfahren auf den Trittbrettern der Kieler Straßenbahn wurden 1947 drei Todesfälle und sieben schwere Verletzungen verursacht.

9. März Pressenotiz: Im Februar 1948 wurden 76 Personen wegen Schwarzhandel, Schwarzschlachten und Schiebung mit Lebensmittelkarten etc. in Haft genommen.

4. April Erstmals pflanzen Kieler Kinder Bäume zur Begrünung der Stadt.

18. April Eröffnung des Kieler Frühjahrsmarktes auf dem Wilhelmplatz.

19. April Verlegung des Oberlandesgerichts in Kiel und der Generalstaatsanwaltschaft nach Schleswig.

23. April Ratsversammlung: Beschluß zur Begrünung und Bepflanzung privater Trümmergrundstücke unter Zustimmung des Haus- und Grundeigentümervereins.

24. April Die Presse meldet, daß sich die Diebstähle von Obstbäumen mehren.

30. April Die Arbeiter der Kieler Howaldtswerke spenden 12 500 Zitronen für Kieler Krankenhäuser und 5000 Zitronen für Schulkinder aus ihrem Exportdevisenbonus.

1. Mai Die Gewerkschaften fordern auf ihrer Mai-Demonstration 30 % Lohnerhöhung.

8. Mai Die Polizeidienststellen der hiesigen Seebäder sollen verstärkt werden, damit diese „kein Tummelplatz für Schieber und Nutznießer der Not" sind und der schwarze Markt besser bekämpft werden kann.

9. Mai Verbesserter Zugverkehr Kiel–Hamburg.

11. Mai Eine der besten englischen Militärkapellen aus Salesbury spielt auf dem Rathausplatz für die deutsche Bevölkerung.

13. Mai Ein vorbereitender Ausschuß für die Gründung eines deutsch-englischen Clubs für Schleswig-Holstein mit Sitz in Kiel tritt zusammen.

25. Mai Vertreter des Landes und der Stadt gründen im Wirtschaftsministerium die „Maschinenbau Kiel AG – MaK" als Nachfolgefirma der bis zum 30. Mai endgültig zu demontierenden HOLMAG.

28. Mai Erste öffentliche Verhandlungen vor dem Entnazifizierungs-Berufungsausschuß des Bezirks Kiel.

29. Mai Für die Ergreifung eines Mörders hat die Polizei 70 Carepakete und 70 000 RM als Belohnung ausgesetzt.

1. Juni Rasierklingen und Nägel können ab sofort ohne Bezugschein bezogen werden.

10. Juni Die Presse berichtet von der Aushebung einer großen Schwarzbrennerei, in der mindestens 600 Flaschen Schnaps („Aqua viva" und „Silberstern") hergestellt worden sind. – Offizielle schwedische Studentendelegation in Kiel zu Gast.

17. Juni Thema Nr. 1 ist laut Kieler Nachrichten nicht mehr die Ernährungslage, sondern das Herannahen der Währungsreform; besonders nervös sind die Schwarzhändler.

18. Juni Verkündung der Währungsreform; jeder Deutsche erhält ein Kopfgeld von 40 + 20 „Deutsche Mark". Noch einmal drängen sich die Händler und Käufer auf den schwarzen Markt zum „Totalausverkauf"; er hält bis zum Stichtag, den 20. Juni, an. Die Aufbaubetriebe und Ansiedlungsmöglichkeiten in der Stadt Kiel werden besonders hart betroffen. Allen Neubetrieben fehlen die Mittel, die Aufbauzeit wird verlängert bzw. neue Ansiedlungen werden hinausgeschoben.

26. Juni Die Wirtschaftsverwaltung warnt: Mit dem neuen Geld „nicht gleich alles kaufen!" – Pressenotiz: Bei einer Sitzung englischer Arbeitgeber kam man zu dem Schluß, daß sich hübsche Frauen nicht als Sekretärinnen eignen, es sei denn, sie seien über 40 Jahre alt. Drei Gründe führte man dafür an: 1. Die Heiratsquote der Schönen ist zu hoch; 2. Sie lenken ihre männlichen Kollegen zu sehr von der Arbeit ab; 3. Sie sind nicht zuverlässig.

28. Juni Gründung der Gesellschaft für Technik und Kultur.

30. Juni Die „Schweizer Spende", die seit ihrer Gründung im Januar 1947 eine segensreiche Betreuungsarbeit durchführte, hat ihre Tätigkeit eingestellt.

2. Juli Die Ratsversammlung verabschiedet eine Entschließung, in der die tiefe Empörung über die Hungerblockade gegen Berlin zum Ausdruck kommt und erklärt sich bereit, die Berliner in ihrem schweren Kampf nach besten Kräften zu unterstützen (Der KPD-Ratsherr enthält sich der Stimme). – Aufruf: Helft den Studenten!

10. Juli Roh- und Röstkaffee unterliegen nicht mehr der Bewirtschaftung.

24. Juli Sieben englische Studenten helfen während ihres vierwöchigen Aufenthalts der Kieler Studentenschaft bei ihrem freiwilligen Aufräumdienst.

27. Juli Verschärfte Polizeikontrollen im Straßenverkehr gegen „Anhalter".

29. Juli Pressenotiz: Jede dritte heiratsfähige Frau bleibt wegen des verzerrten Altersaufbaus in Schleswig-Holstein ledig.

7. Aug. Die Wirtschaftsverwaltung gibt Hinweise über die Verwendungsmöglichkeiten und Eignung von Kubazucker bei der Haushaltskonservierung.

10. Aug. Modenschau in der Mensa („halblange Hose und kragenlose Jacke für den Herrn") zugunsten der Notgemeinschaft; der Reinertrag über 10 000 DM wird den Heimkehrern zur Verfügung gestellt.

12. Aug. Die Kieler Howaldtswerft bringt der Bizone durch die Überholung des norwegischen Walfisch-Verwertungsschiffes „Kosmos III" 140 000 Dollar ein.

14. Aug. Der Deutsche Gewerkschaftsbund ruft zum Käuferstreik auf, um Kauflustige von der notwendigen Solidarität der Käuferschaft gegenüber dem Handel zu überzeugen; ruhiger Streikbeginn.

19. Aug. Pressenotiz: Im ersten Halbjahr 1948 zählte man 2,6 Millionen Kinobesucher in Kiel. – Im Monat rund 300 Scheidungsklagen vor dem Landgericht.

28. Aug. Im September sollen Normalverbraucher täglich 1846 Kalorien erhalten, u. a. monatlich 11 000 g Brot, 400 g Fleisch, 625 g Fett, 1500 g Zucker, 15 000 g Kartoffeln.

1. Sept. Eröffnung der Kieler Woche 1948, der 2. Aufbauwoche unter dem Motto „Kiel stellt sich um". Kernstück des Aufbauprogramms für 1949: Geschäftsviertel der Innenstadt, Milderung der Demontage bei der früheren Holmag und den Howaldtswerken. Rund 40 Gäste aus Skandinavien und England in Kiel.
Die Wiederherstellung von Schaufenstern macht sichtbare Fortschritte; die Zahl der bisher wieder friedensmäßig hergerichteten Schaufenster wird jedoch erst auf 1/5 des Gesamtbedarfs geschätzt. Das Verschwinden der behelfsmäßigen Schaufenster stellt für das Stadtbild einen erstrebenswerten Gewinn dar.
Vor dem Übernachtungsbunker in der Hafenstraße sowie am Prof.-Peters-Platz befinden sich sieben Träger-Richtpressen, mit denen verbogene und aus Trümmern geborgene Bauträger wieder gerade gerichtet werden.

3. Sept. Die Landesflagge Blau-Weiß-Rot ist von der britischen Militärregierung genehmigt worden.

9. Sept. Pressenotiz: Rund 30 000 Kleingärten in Kiel.

14. Sept. Von 5000 Straßenlaternen, die es vor dem Kriege gab, sind 161 in den Hauptdurchgangsstraßen wieder in Betrieb. – Circus Althoff gastiert auf dem Wilhelmplatz (bis 21. 9.).

27. Sept. Eröffnung des neuen Kieler Seefischmarktes auf dem Gelände der früheren Kolbewerft an der Schwentinemündung: die erste Bresche in den Sperriegel, der bisher von der Militärregierung um das Ostufer gelegt ist.

2. Okt. Eröffnung der Ausstellung „Unser Garten – unser Glück", Wahl des Gartenkönigs 1948.

9. Okt. Der Frankfurter Wirtschaftsdirektor spricht in der Neuen Mensa zum Neuaufbau der Deutschen Wirtschaft.

24. Okt. Die Kommunalwahl endet mit einer Mandatsgleichheit für SPD und CDU (22:22 Sitze).

3. Nov. Das Hotel „Flensburger Hof" nimmt seinen Betrieb mit zunächst 20 Betten wieder auf.

5. Nov. Zerstörungsplan der britischen Militärregierung über die Liquidierung des Ostufers wird bekanntgegeben. Von 364 noch vorhandenen beschädigten Gebäuden werden 152 für Zerstörung und 112 für Erhaltung vorgesehen.

6. Nov. Beim Presseball wird als 1. Preis ein Volkswagen verlost.

9. Nov. Richtfest für zwei Bauten des Bekleidungszentrums auf dem Gelände der früheren Kasernenanlagen „Eichhof".

12. Nov. Streikaufruf der Gewerkschaften, um dem Mißstand der hohen Preise abzuhelfen.

15. Nov. Vereinbarung der CDU und SPD, daß das Amt des Oberbürgermeisters aufgrund des unentschiedenen Wahlergebnisses in der ersten Hälfte der Wahlperiode von Andreas Gayk (SPD), in der zweiten Hälfte von Peter Jeschke (CDU) wahrgenommen wird.

23. Nov. Die Ratsversammlung wählt Andreas Gayk zum Oberbürgermeister, Peter Jeschke zum Bürgermeister.

26. Nov. Karstadt eröffnet neue Geschäftsräume in der Holstenstraße.

5. Dez. Eröffnung der Weihnachtsmesse in Zelten auf dem Exerzierplatz.

7. Dez. Tausende demonstrieren in einer Protestkundgebung auf dem Rathausplatz und auf einem Protestmarsch gegen das immer noch ungewisse Schicksal des Ostufers und die Sprengungen der TVA in Surendorf und Eckernförde.

8. Dez. Entscheidung der britischen Militärregierung über die Entfernung von elektrischen Anlagen, Versorgungsleitungen und Gleisen sowie Ablieferung von Werkzeugmaschinen des Ostufers.

19. Dez. Weihe der wiederaufgebauten katholischen St.-Heinrich-Kirche in der Feldstraße.

21. Dez. Schweden spendet einige tausend Weihnachtspäckchen.

24. Dez. Auf die Frage nach dem größten Weihnachtswunsch antworten die meisten (17 %): „Gut essen", 16,4 % wollten nur Ruhe, die Bescheidensten wünschten sich gutes Wetter; 9,3 % haben einen Herzenswunsch: Sie möchten eine Dame bzw. einen Herrn kennenlernen, 2,7 % waren allein mit der Gesundheit zufrieden. Aber ebenso aus dem Herzen gesprochen war der Wunsch derjenigen (1,7 %), die ihren Heimkehrer erwarteten oder deren Weihnachtswunsch darin bestand, endlich Zuzugsgenehmigung oder eine Wohnung zu bekommen (4,3 %) oder die sich nur ein warmes Zimmer wünschten (KN).

1. Jan. Die neue Kraftfahrzeugbenutzungsverordnung verbietet auch künftig Ausflugs-, Erholungs- und Vergnügungsfahrten in Kraftfahrzeugen sowie Fahrten während der Sperrzeiten an Sonn- und Feiertagen. – Pressenotiz: 12jähriger Junge als „König der Taschendiebe" festgenommen.

15. Jan. Verteilung von Care-Paketen im Rathaus.

17. Jan. Kieler Schmuggler nach Verfolgungsjagd in Hamburg zur Strecke gebracht.

25. Jan. Die Baulücken am westlichen unteren Sophienblatt zwischen Thaulowmuseum und Ringstraße sind durch die in „üblicher behelfsmäßiger Bauart" errichteten Geschäftsräume geschlossen worden.

27. Jan. Pressenotiz: Die neuen Pfennigstücke sind da.

29. Jan. Die Bank Deutscher Länder warnt vor Falschgeld. – Eine gemeingefährliche und weitverzweigte Schieber- und Betrügerbande, die Natron statt Insulin vertreiben wollte, ist von der Polizei gefaßt worden.

4. und 5. Febr. Die Muthesiusschule feiert ihr bekanntes Kostümfest „Ultra Zinnober".

8. Febr. Pressenotiz: Die Koksladung eines LKW kam in einer Kurve ins Rutschen. „Wie aus dem Boden gestampft waren Leute mit Taschen, Eimern und Säkken zur Stelle. Es dauerte nur wenige Minuten und die Straße sah wieder wie geleckt aus."

9. Febr. Generalkonsul Birkeland eröffnet die Ausstellung „Norwegen heute" im Rathaus.

10. Febr. Schwerer Orkan mit Windstärken 11–12 richtet zahlreiche Sachschäden an.

12. Febr. Die Polizei teilt mit, daß kürzlich größere Mengen falscher Fett- und Zuckermarken im Umlauf waren.

17. Febr. Ab März soll es keine Raucherkarten mehr geben, weil jetzt genügend Tabakwaren in den Geschäften zu haben sind.

19. Febr. Pressenotiz: Vor dem Entnazifizierungsausschuß der Stadt Kiel wurden der frühere zweite Bürgermeister Menzel und der ehemalige Stadtrat Dr. Völckers in Gruppe IV eingestuft; im gleichen Rechtszuge wurden beide gemäß § 12 des Entnazifizierungsgesetzes in Gruppe V umgestuft.

21. Febr. Die Ratsversammlung verlängert die Bausperre im Stadtgebiet.

24. Febr. Ab 1. April soll die Fleischration für Normalverbraucher von 400 auf 500 g monatlich angehoben werden.

25. Febr. Richtfest des Polizeipräsidiums in der Gartenstraße.

10. März Beginn der Sprengungen auf dem Ostufer (Germaniawerft) um 16.15 Uhr auf Befehl der britischen Militärregierung.

17. März Die Ratsversammlung debattiert über die katastrophale Wohnraum-Lage.

23. März 75 Volkswagen für Schleswig-Holstein treffen mit einem Sonderzug ein.

30. März Der in der Förde gehobene Passagierdampfer „New York" wird ins Arsenal geschleppt.

31. März Pressenotiz: Kriegsschäden der Stadtwerke sind zu 70 % beseitigt. – Bisher sind in Kiel 42 480 Entnazifizierungsverfahren abgewickelt worden, 6378 stehen noch aus.

2. April Die Presse berichtet von einem Gerichtsurteil gegen ein Textilgeschäft wegen Preistreiberei, „weil es in den Monaten nach der Währungsreform eine aufgrund vorhandener Warenbestände gegebene wirtschaftliche Überlegenheit, die damalige Mangellage so-

wie den seit Jahren angestauten Bedarf an Textilien ausgenutzt habe, indem es unangemessen hohe Preise forderte und erhielt."

7. April Rückkehr des nach Malente ausgelagerten Landesamtes für Denkmalpflege nach Knoop. – Fünf Tote bei einem Deckeneinsturz in der Beseleralle.

11. April Der Fischdampfer „Kiel" der Kieler Hochseefischerei AG, der erste neue Fischdampfer Schleswig-Holsteins, lief nach seiner ersten Reise in isländische Gewässer wieder in Kiel ein.

13. April Ein 1945 für tot erklärter Soldat kehrt aus russischer Kriegsgefangenschaft zurück. Die Ehefrau, die selbst die Tür öffnete, erlitt einen Ohnmachtsanfall.

24. April Die Nachwahlen zur Ratsversammlung im Wahlbezirk Holtenau bringen trotz Wahlsiegs der CDU keine Auflösung des Patts von 22:22 Sitzen der CDU und SPD.

30. April Die Firma Hertel und Richter hat die 1000. Strickmaschine hergestellt. Der Firmengründer war 1945 nur mit einem Koffer voller Werkzeuge nach Kiel gekommen und hatte zunächst damit angefangen, Kochtöpfe zu löten und Strickmaschinen zu reparieren.

16. Mai Der Entnazifizierungsausschuß beginnt seine Verhandlung gegen den NS-Oberbürgermeister Walter Behrens; er wird in Gruppe III (später IV) eingestuft.

17. Mai Grundsteinlegung für das Howe-Haus an der Holstenstraße. – Die Niederdeutsche Bühne Kiel meldet Konkurs an.

28. Mai Ankündigung, daß die Trümmerverwertungsanlage am Grasweg ihren Betrieb aufnehmen wird. – Wiedereröffnung der Landesbibliothek im Kasernengelände Kiel-Wik.

8. Juni Oberbürgermeister Gayk bezeichnet Kiel bei den Haushaltsberatungen als „ärmste Stadt im ärmsten Lande der Bizone".

9. Juni Englische Truppenparade zu Ehren des Geburtstages seiner Majestät am Hindenburgufer.

18. Juni Eröffnung der Kieler Woche: Segeln, Kieler Hafenkurs, Leistungsschau der Industrie und des Handwerks, Wiederaufstellung des Klaus-Groth-Standbildes . . .

23. Juni Festsitzung der Ratsversammlung: „Kiel – eine Werkstatt des Friedens".

24. Juni „Wunderdoktor" Gröning bei Kieler Kranken.

7. Juli Die Kieler Werkswohnungen ergreifen Maßnahmen gegen notzeitbedingte Mißstände in der Tierhaltung, u. a. gegen das Grasen von Ziegen auf Dächern und die Haltung von Schweinen in Kellern.

15. Juli Sprengungen der Hellinge I, II und III auf den Deutschen Werken.

21. Juli Zum erstenmal sieht man beim Sommer-Schluß-Verkauf wieder Schlangen vor den Geschäften.

22. Juli Die Ratsversammlung diskutiert u. a. über die Aufstellung von Verkaufsbuden und Pavillons im Stadtgebiet. Bisher gibt es 285 Buden. – Bürgermeister Jeschke teilt mit, Kiel sei jetzt zur Hälfte enttrümmert.

26. Juli Be-bop-Hochzeit im Standesamt; das Paar und die Trauzeugen erscheinen auf einem eigens gecharterten LKW, bekleidet mit einem knalligen Kleid, Querstreifenpullover, Ringelsöckchen, Manchesterhosen und, natürlich, blauen Brillen. Vor der Tür spielen zwei Be-bop-krächzende Swingmusiker: Satre – gründlich mißverstanden?

14. Aug. Bei der ersten Bundestagswahl wird in Kiel der CDU-Kandidat Walter Brookmann gewählt (CDU 65 000, SPD 44 000, KPD 7000 Stimmen).

20. Aug. Pressenotiz: Ab 1. April 1950 soll es wieder eine Kiel–Korsör-Linie geben.

29. Aug. Neue SPD-Landesregierung unter Bruno Diekmann, der Hermann Lüdemann ablöst.

30. Aug. Die MaK ist ein Jahr alt und hat 2673 Beschäftigte.

1. Sept. Die Kieler Nachrichten erscheinen nunmehr als einzige Tageszeitung Kiels (statt bisher 3× wöchentlich) jeden Werktag. – Festliche Eröffnung des Ballhauses „Eichhof“.

5. Sept. Großversteigerung von über 10 000 verschiedenen Artikeln ehemaliger Wehrmachtsgüter.

10. Sept. Der erste Flüchtlingstransport mit 310 Personen verläßt Kiel mit einem „Sonderzug der neuen Lebenshoffnung“ in Richtung Südbaden.

13. Sept. Die Werftarbeiter der Howaldtswerke fordern in Versammlungen die Aufhebung der Beschränkungen im Schiffbau, um die schlechte Beschäftigungslage bei den Werften zu heben. Die Werft darf bis jetzt nur Schiffsreparaturen und kleine Schiffsneubauten ausführen.

15. Sept. Die Presse meldet Massenentlassungen bei den Howaldtswerken wegen Arbeitsmangel.

18. Sept. Kiel empfängt seinen 4000. Heimkehrer. – Übergabe der Petrus-Kirche in der Wik an die Öffentlichkeit.

25. Sept. Der Landtag verabschiedet das „Kieler Abkommen zur Grenzlandfrage“.

28. Sept. Die Presse meldet: Hörerumfrage des NWDR ergibt: Jazz-Musik im Radio wird nicht gerne gehört.

29. Sept. Seit Jahresbeginn werden über 1100 Bauobjekte registriert.

13. Okt. 4000 Flüchtlinge geben einem Heimatvertriebenen das letzte Geleit, der sich und seine vier Kinder aus „Not und Verzweiflung“ vergiftet hat.

20. Okt. Die Ratsversammlung erklärt Kiel zum Aufbaugebiet.

4. Nov. Die „Winterhude“, ein 1898 gebauter Segler, verläßt Kiel, um in Hamburg verschrottet zu werden.

10. Nov. Das Studentenkabarett „Die Amnestierten“ kehrt nach erfolgreichem Auftreten in Kopenhagen und Stockholm zurück. – Fortsetzung der öffentlichen Diskussion über die Fortführung des Kieler Theaters.

1. Dez. Der große 300-t-Schwimmkran beginnt mit den Abbrucharbeiten des großen feststehenden Krans der Germaniawerft.

2. Dez. Richtfest für den Neubau der Landeszentralbank am Rathausplatz. – Der Wochenmarkt auf dem Exerzierplatz wird durchschnittlich von 16 Großhändlern, 79 Selbsterzeugern, 107 Gemüse-, 71 Lebensmittel- und 30 Fischhändlern beschickt.

6. Dez. Gründungsversammlung der Kieler Volksbühne. – Kiel am Dezemberabend: wieder eine Lichterstadt: Leuchtreklamen, Lichtgirlanden und erhellte Schaufenster.

15. Dez. Eröffnung des Weihnachtsmarktes auf dem Rathausplatz.

16. Dez. Richtfest der Hofapotheke am Alten Markt.

20. Dez. Richtfest des Café-Restaurants Reimers in der Holstenstraße.

22. Dez. Der Luftschutzbunker am Schützenpark zum Wohnhaus umgebaut: „Moral: Weshalb alles zerstören – es geht auch anders.“

29. Dez. Die Pläne einer Theaterfusion Kiel – Lübeck werden zu den Akten gelegt.

9. Jan. Die Presse berichtet über Straffälle als „Folge der Entwurzelung gewisser Jahrgänge durch Kriegs- und Nachkriegswirren."

10. Jan. Die erste „Vespa" (italienischer Motorroller) in Kiel.

17. Jan. Die Nissenhütten am Stresemannplatz, „ein Schandfleck in der Innenstadt", werden geräumt und abgerissen.

18. und 19. Jan. Erster Staatsbesuch von Bundespräsident Theodor Heuß in Kiel, er „lobt" den Kieler Aufbauwillen.

18. Jan. Ladenschluß am Sonnabend auf 14 Uhr vorverlegt.

23. Jan. Die Mitglieder der internationalen Spielschar der „Moralischen Aufrüstung" in Kiel.

24. Jan. Der Schleswig-Holsteinische Landtag verabschiedet eine neue Gemeindeordnung.

30. Jan. Beginn des Winterschlußverkaufs. Schlangen vor den Kaufhäusern schon ab 6 Uhr morgens; Anzüge gibt es für 19 DM. – Inbetriebnahme des wiederhergestellten Kraftwerks Ost.

5. Febr. Kaisprengungen stören Sonntagsruhe. Die Sprengungen an den Kaianlagen der ehemaligen Germaniawerft wurden trotz Proteste des Deutschen Gewerkschaftsbundes und der Kirche durchgeführt.

7. Febr. 14jähriger, der über 100 Taschendiebstähle in Kiel verübt hatte, in Berlin als „König der Taschendiebe" verurteilt.

8. Febr. „Arbeitsgemeinschaft Kieler Frauen" gegründet.

12. Febr. Wiedereröffnung der Historischen Landeshallen-Ausstellung „Alt-Kiel" in der Landesbibliothek in der Warnemünder Straße.

14. Febr. Ruineneinsturz in Ellerbek, zwei Menschen verschüttet.

16. Febr. Das schwedische Fahrgastschiff „Gripsholm" verläßt nach beendetem Umbau auf den Howaldtswerken Kiel.

16. Febr. Oberbürgermeister Gayk teilt in der Ratsversammlung mit, daß in der Trümmerräumung noch 400 Arbeitskräfte beschäftigt sind.

27. Febr. Ein Kieler will über dem Kleinbahnhof in Gaarden eine „fliegende Untertasse" gesehen haben.

28. Febr. Wieder ein Toter beim Kabeldiebstahl: 15jähriger Schüler von Hochspannungsleitung getötet.

1. März Beginn der Suchaktion für Vermißte und Gefangene in Kiel; Einrichtung von Meldestellen.

6. März Frühlingsmodenschau der Notgemeinschaft Kiel in der „Neuen Mensa".

11. März Auf den Howaldtswerken findet der erste Stapellauf deutscher Frachter nach dem Kriege statt. Feierliche Taufakte für die 1500-Tonnen „Marianne" und „Blidum".

13. März Erstes Richtfest an der „Neuen Straße" mit dem Flügger-Bau.

28. März Richtkrone über dem Neubau Engel am alten Markt.

29. März 24 Prozent aller Kieler leben von Fürsorgeunterstützung, Renten und ähnlichen bescheidenen Einkommen, über 18 Prozent von Arbeitslosen- und Arbeitslosenfürsorgeunterstützung.

30. März Kieler Kinder fahren für drei Monate in die Schweiz.

1. April Beginn des Wiederaufbaus des Karstadt-Kaufhauses in der Holstenstraße. – Die MaK zählt jetzt 2820 Mitarbeiter. Die Entwicklung des Werkes wurde dadurch besonders erschwert, daß 1100 Maschinen demontiert und nach Jugoslawien abgeliefert werden mußten.

4. April Probefahrt und Übergabe des neuesten Schiffes der Kieler Handelsflotte, der „Käte Grammerstorf“.

17. April Das Kieler Schwurgericht verurteilt einen ehemaligen SA-Sturmführer als Mittäter an der Kieler „Kristallnacht“ des Jahres 1938 wegen Verbrechens gegen die Menschlichkeit zu 15 Monaten Gefängnis.

18. April Größtes Bauvorhaben in diesem Jahre angekündigt. Kieler Werkswohnungen-G.m.b.H. bauen im Rahmen des Flüchtlings-Wohnungs-Bauprogramms in Pries, Friedrichsort, Ellerbek und Neumühlen-Dietrichsdorf 702 Wohnungen.

20. April Erlaß einer Hauptsatzung der Stadt Kiel nach der neuen Gemeindeordnung. – Oberbürgermeister Andreas Gayk für neun Jahre wiedergewählt.

1. Mai Maifeier auf dem Rathausplatz mit 25 000 Teilnehmern. Im Mittelpunkt steht die Forderung nach dem Mitbestimmungsrecht in den Betrieben.

4. Mai Richtfest der Holstein-Tribüne. – Eröffnung von „Reimers Automat und Café“ in der Holstenstraße.

5. Mai Eröffnung des Parkhotels am Düsternbrooker Weg. – Um 17.20 Uhr letzte Sprengung auf dem Ostufer von alliierter Seite; Abschluß der Entmilitarisierung.

8. Mai Nach Abschluß der von den Besatzungsmächten auf dem Ostufer durchgeführten Sprengungen gibt Oberbürgermeister Gayk nähere Einzelheiten über die Neuansiedlung von Friedensindustrien bekannt.

10. Mai Die Zahl der Arbeitslosen ging bis Ende April 1950 nur unwesentlich zurück, und zwar von 33 695 auf 33 453.

10. Mai Probefahrt auf der „Harald Ivers“ als Auftakt zur Wiederaufnahme der Kiel-Korsör-Linie.

19. Mai Protestkundgebung des Heimkehrer-Rings Kiel auf dem Rathausplatz: Gebt unsere Gefangenen frei!

25. Mai Ratsversammlung: Ostufer-Verwertungs G.m.b.H. gegründet. Der geplante Aufbau auf dem Ostufer und die Neuansiedlung von Industrien wird durch die von der Hohen Kommission erlassenen Sicherungsbedingungen erheblich erschwert.

3. Juni Ein Schneider wegen Schwarzarbeit zu 20 DM Geldstrafe verurteilt.

4. Juni Schwedische Studenten als Gäste der Christian-Albrechts-Universität in Kiel eingetroffen.

7. Juni Der modernste Fischdampfer der deutschen Hochseeflotte, die 580 BRT große „Schleswig“, in Dienst gestellt. Sie ist der erste von der Kiellegung getätigte Neubau der Howaldtswerke nach dem Kriege.

9. Juni Festakt 600 Jahre Kieler Gelehrtenschule.

11. Juni Der erste britische Flottenbesuch in Kiel nach dem Kriege (zwei Torpedoschnellboote und zwei Kanonenschnellboote).

16. Juni Kiels neuer Ratssaal übergeben, Beendigung der Wiederaufbauarbeiten des Rathauses.

17. Juni Eröffnung der Kieler Woche um Mitternacht vor dem Rathaus.

18. Juni Eröffnung einer großen Wirtschaftsschau am Seegarten. – Einweihung der Freilichtbühne auf der Krusenkoppel.

20. Juni Grundsteinlegung für 1012 Wohnungen im Rahmen des Sonderprogramms für den Bau von Flüchtlingswohnungen in Kiel.

21. Juni Bundespräsident Theodor Heuß in Kiel. Friede zwischen Stadt und Seglern; Oberbürgermeister Gayk: „Ohne Segler kann es keine Kieler Woche geben.“

25. Juni Volksfest auf der Krusenkoppel. Abschluß der „Woche der Gemeinschaft“ in Pries-Friedrichsort.

29. Juni Presse-Besichtigungsfahrt auf dem Ostufer: Nach der Beendigung der Sprengungen bietet sich ein erschütterndes Bild. Die Demontagen gehen weiter, Hellinge werden zugeschüttet, Schiffsliegeplätze zerstört. Neuaufbau ist schwierig, da jeder Maschinenbau und die Verwendung von Kränen mit einer Tragfähigkeit von über 10 Tonnen verboten ist.

6. Juli Wirtschaftsminister Ludwig Erhard bei der MaK.

9. Juli Landtagswahl in Schleswig-Holstein. Von den 5 Kieler Wahlkreisen fallen je 2 an die CDU und SPD und 1 geht an die FDP.

20. Juli Richtfest für die Küstenfunkstelle Kiel-Radio in Schilksee.

22. Juli Grundsteinlegung für das Bauvorhaben an der Holtenauer Straße/Lehmberg: „Kiels modernstes Wohnviertel entsteht."

2. Aug. Pressenotiz: Fast 400 000 Besucher bei der letzten Kieler Woche, darunter 113 ausländische Gäste, vorwiegend aus Skandinavien.

3. Aug. Internationaler Ferienkurs der Christian-Albrechts-Universität.

4. Aug. 1000 Besucher beim Lampionabend in der Forstbaumschule.

24. Aug. Die Presse besichtigt den Neubau der „Brücke", einer Einrichtung des „British Centre", das „im britischen Besatzungsgebiet im Bestreben errichtet worden ist, zur internationalen Verständigung beizutragen."

Sept. Die Goethe-Schule als Deutschlands erste Pavillon-Schule in Betrieb.

2. Sept. Der Neubau der Landeszentralbank wird seiner Bestimmung übergeben.

11. Sept. Verlautbarung der britischen Militärregierung: Es werden alle Demontage- und Entmilitarisierungsarbeiten in der britischen Zone eingestellt. Nur bestimmte schadenverhütende Maßnahmen werden noch zu Ende geführt. – Eröffnung der Ellen-Cleve-Schule für Gymnastik und Tanz.

13. Sept. Stichtag für die Volkszählung. – Der Magistrat lehnt den Antrag von privater Seite auf Überlassung eines geeigneten Geländes zur Errichtung eines Tierparks ab; Kiel habe vorerst andere Aufgaben zu erfüllen.

16. Sept. Planungen für die Neugestaltung des Kieler Bahnhofs.

17. Sept. Die Bundesbahn fährt mit dem „Samba-Expreß", der Tanz- und Durchgangswagen führt, zur Lebensmittelfachausstellung nach Hamburg.

20. Sept. Freigabe des Ostufers für den Aufbau einer Friedensindustrie.

23. Sept. Die Presse teilt mit, daß als letztes deutsches Kriegsschiff das frühere Schnellboot-Begleitschiff „Hermann von Wissmann" von Belgien als Restitutionsgut übernommen wird.

24. Sept. Großkundgebung des Bundes Europäische Jugend auf dem Rathausplatz. – Die Stadt verleiht dem Ordinarius für Chirurgie an der Universität, Prof. Dr. Alfred Wilhelm Anschütz, das Ehrenbürgerrecht.

27. Sept. Der 100. Fischdampfer seit der ersten Anlandung am 12. April 1949 löscht seine Ladung am Kieler Seefischmarkt.

4. Okt. Richtfest des Nehve-Hauses in der Kehdenstraße.

11. Okt. Die Universität empfängt von den USA eine Spende von 20 000 DM für den Erwerb von medizinischen Geräten.

13. Okt. Die „Entfestigung" der Stadt ist beendet: zwölf Stollen und 23 Hochbunker sind gesprengt. – Ende des Wasserstraßenstreiks am Nord-Ostsee-Kanal.

15. Okt. Ein Geschäftsmann in Kiel-Hassee verteilt etwa 12 000 Stück Eis am Stiel

gratis. – Der Bauausschuß des Deutschen Städtetages tagt in Kiel.

19. Okt. Pressemeldung: 3595 Studenten an der Universität.

20. Okt. Ratsversammlung: Gesamtaufbauprogramm für das alte Kieler Stadttheater genehmigt.

21. Okt. Probefahrt des Walfangmutterschiffs „Olympic Challenger", eines bei Howaldt umgebauten Tankers.

25. Okt. 1060 Schweine aus Polen treffen am Seegrenzschlachthof ein.

26. Okt. Größtes Richtfest nach dem Krieg in Kiel mit 745 Wohnungen im Rahmen des ERP-Wohnungsbau-Programms.

30. Okt. Eröffnung des Weipert-Hauses am Runden Platz bei starkem Käuferandrang.

3. Nov. Richtfest für das Großbauvorhaben zwischen Lehmberg und Jungmannstraße (27 Geschäfte, 250 Wohnungen für etwa 1000 Bewohner).

7. Nov. Norwegisches Motorschiff bei Feuerschiff „Kiel" auf eine Mine gelaufen.

10. Nov. Beginn der Baggerarbeiten für die Ostseehalle.

11. Nov. Pressenotiz: Ein Kieler Geschäft hat erstmalig in Schleswig-Holstein einen Selbstbedienungsstand eingerichtet.

12. Nov. Kreismeisterschaft der Friseure: Wer macht die schönste Wasserwelle?

14. Nov. Nobelpreisträger Prof. Otto Diels wird im Hörsaal des Chemischen Instituts mit minutenlang anhaltendem, tosendem Beifall seiner Studenten empfangen. (Preisverleihung am 10. 12.)

20. Nov. Große Internationale Modenschau im Parkhotel.

24. Nov. Erste Ergebnisse der Volkszählung: Auf 100 Männer kommen 110 Frauen. – Der amerikanische Hohe Kommissar McCloy spricht in der Kieler Universität zur Grundfrage unserer Zeit: „Freiheit oder Unterdrückung".

28. Nov. Einweihung des Instituts für Landmaschinenkunde der Universität. – Das Kieler Studentenkabarett „Die Amnestierten" gastiert in London.

3. Dez. Beginn der weihnachtlichen Illumination am Sophienblatt zwischen Thaulow-Museum und Bahnhofsvorplatz.

10. Dez. 75jähriges Jubiläum der Gesellschaft für Kieler Stadtgeschichte.

12. Dez. Milchpanscher vom Schöffengericht verurteilt.

13. Dez. Ratsversammlung: Schulspeisung soll forgeführt werden, erweiterte Winterbeihilfen.

14. Dez. Beginn des Weihnachtsmarktes auf dem Rathausplatz.

15. Dez. Pressenotiz: In der oberen Treppenstraße verlor ein LKW abends mehrere Zentner Koks: „Die Ware war trotz der Dunkelheit schnell vergriffen."

17. Dez. Dritter Advents-Sonntag: Beängstigendes Gedränge in den Geschäften und auf den Straßen.

20. Dez. Der Wiederaufbau der Deutschen Werke Kiel beginnt.

29. Dez. Stadtbaurat Jensen veröffentlicht seine „städtebaulichen Gedanken" in den Kieler Nachrichten.

30. Dez. Oberbürgermeister Gayk zum Jahreswechsel: 1950 hat uns das Ende der Entmilitarisierung gebracht. Es wird unsere Aufgabe im Jahre 1951 sein, die Grundlagen für eine gesunde Industrie zu schaffen.

4. Jan. Die Schleswig-Holsteinische Landesbibliothek in der Wik (früher Schloß) wieder zugänglich.

5. Jan. Leere Kohlenlager und ständige Nachfrage der Verbraucher bei anhaltendem Frost und völlig unzureichenden Zufuhren kennzeichnen die Brennstoffversorgungslage.

12. Jan. In der Förde wird wieder auf der Höhe von Jägersberg – Korügen eine Treibmine von Fischern beseitigt.

16. Jan. Bisher sind 83 Millionen Ziegelsteine aus Kieler Trümmern geborgen worden. – Gründung des Deutsch-Französischen Clubs.

20. Jan. Die Schrott- und Buntmetalldiebstähle nehmen kein Ende, insgesamt wurden in den letzten Wochen 15 jugendliche Täter gefaßt.

23. Jan. Pressenotiz: 517 Butenkieler-Familien kehrten 1950 zurück.

26. Jan. Kiels größtes Hotel, das „Conti-Hansa" am Ziegelteich, eröffnet.

29. Jan. „Gut rasiert – im Schaufenster". Ein Geschäft an der Holstenbrücke führt einen Trockenrasierapparat vor.

30. Jan. Kieler Universitätstage 1951 eröffnet, Rückblick auf die materielle und geistige Aufbauleistung seit 1945. Starker Andrang zu den Vorträgen.

8. Febr. Bundeswirtschaftsminister Erhard in Kiel: „Auch in Krisenzeiten Nerven behalten."

9. Febr. Pressenotiz: „Ein Museum in Kiel ist möglich", äußert sich der Direktor des nach Schleswig verlagerten Landesmuseums.

14. Febr. Der Arbeitskreis für Meinungsforschung an der Kieler Universität gibt das Ergebnis einer Umfrage bekannt, wonach sich nur 10,8 % der Studenten für eine Remilitarisierung Westdeutschlands aussprechen.

28. Febr. Pressenotiz: „Das Problem der unehelichen Kinder ist nicht nur in der amerikanischen Zone und in der Nähe von Truppenübungsplätzen besonders akut, sondern auch Kieler Behörden haben sich mit dieser Frage zu beschäftigen", z. Zt. gibt es hier 3325 uneheliche Kinder, in 299 Fällen ist der Vater Ausländer.

1. März Die Schleswig-Holsteinische Landesgenossenschaftsbank kündigt den etwa 30 ambulanten Händlern, die auf dem Grundstück des früheren Hansa-Hotels ihren Verkaufsstand haben.

3. März Die Presse meldet den Zusammenschluß der 131er in Kiel.

5. März Die Howaldts-Werke sind bis an die Grenze der Kapazität ausgelastet: Sie haben Aufträge, die die Werft bis Ende 1953 auslasten. Schwierigkeiten treten bei der Materialbeschaffung auf.

17. März Pressenotiz: Noch 11 992 Personen leben in Baracken- und Wohnlagern.

24. März Gründung der „Kieler Gemeinschaft".

28. März Bei den Haushaltsberatungen der Ratsversammlung ist der Theaterhaushalt nach wie vor ein „finanzielles Sorgenkind".

29. März Beschluß über die Vergabe eines Kulturpreises der Stadt.

3. April Verhandlungen mit britischer Seite um die Freigabe beschlagnahmter Häuser.

10. April Gründung des „Vereins zur Förderung des Stadttheaters in Kiel e.V." Hauptzweck: Wiederaufbau des zerstörten Stadttheaters.

17. April In einem Aufruf fordern die Parteien der CDU, FDP, DP, BHE und DRP die Bürger auf, bei den Kommunalwahlen am 29. April die Kandidaten der Kieler Gemeinschaft zu wählen.

18. April Pressenotiz: Schulentlassene Jugend ohne Lehrstelle – eines der traurigsten Kapitel unserer Zeit. – Das Gelände der Deutschen Werke und des Marine-Arsenals ist endgültig freigegeben: Startzeichen zum Aufbau einer Friedensproduktion.

19. April Die Ratsversammlung beschließt, einen Kultursenat einzurichten, der das kulturelle Leben anregend und beratend fördern soll.

25. April Pressenotiz: Einer älteren Frau wurde aus einem abgestellten Blockwagen ein Weißbrot gestohlen.

26. April Richtfest des ersten in Stahlbeton-Skelettbauweise erbauten Hochhauses am Gaußplatz.

26. April Das städtische Presseamt teilt mit, daß die Holstenstraße künftig für den gesamten Fahrverkehr gesperrt werden soll.

28. April Die MaK baut Luxuswagen für den „Rheingold-Express", die ersten Wagen dieser Art, die nach 1945 in Deutschland für die Bundesbahn gebaut worden sind.

29. April Kommunalwahl: SPD 29 Sitze, Kieler Gemeinschaft 16 Sitze.

30. April Richtfest der Ostseehalle.

1. Mai Maifeier auf dem Rathausplatz mit über 20 000 Teilnehmern. Forderung nach erweitertem Mitbestimmungsrecht der Arbeitnehmer sowie sozialer Sicherheit und Freiheit.

17. Mai Pressenotiz: Die mit einem Geleitwort des Landesministers des Innern versehene Zeitschrift „Jugendruf" veröffentlicht einen Aufruf der Aktivistischen Kampfgruppe gegen den Bolschewismus.

19. Mai Auf der Schlackenhalte im Grasweg werden zwei Frauen beim Kohlenbuddeln verschüttet und bewußtlos ins Krankenhaus gebracht.

20. Mai Betrugsversuch beim Kieler Fußballtoto vereitelt. – Von 240 Wracks, die bei Kriegsende im Hafen zwischen Bahnhof und Friedrichsort lagen, sind 230 beseitigt worden.

22. Mai Die durchschnittliche Schülerzahl je Lehrkraft beträgt an den Volksschulen 47, an den Mittelschulen 34 und an den höheren Schulen 26.

27. Mai Eröffnung der Tombola zugunsten des Wiederaufbaues des Stadttheaters.

4. Juni Protestmarsch der Kieler Eishersteller gegen eine städt. Speiseeissteuer.

10. Juni Die Kieler Polizei setzt „Möwe"-Funkstreifenautos zur Aufklärung von Verbrechen und Vergehen ein.

14. Juni „Zentral"-Kino in der Eckernförder Straße eröffnet.

16. Juni Eröffnung der Kieler Woche: „Kiel ruft die Welt", 73 Ehrengäste werden erwartet.

17. Juni Die Ostseehalle wird ihrer Bestimmung übergeben mit einer „Schleswig-Holsteinischen Wirtschaftsschau".

20. Juni Einweihung des Kieler Senders auf dem Heischberg in Kronshagen.

21. Juni Bundespräsident Heuß und der dänische Staatsminister a.D. Hedtoff in Kiel.

22. Juni Einweihung des wiederaufgebauten Instituts für Weltwirtschaft am Hindenburgufer.

25. Juni Ausstellung „Neuzeitliches Wohnen" im ERP-Block in der verlängerten Esmarchstraße. „Der Schreibtisch dient zugleich als Frisierkommode, die Couch als Bett."

3. Juli Schrottsammler verunglückt in Dietrichsdorf tödlich durch explodierende Munition aus dem 2. Weltkrieg. – Kieler Delegation besucht erstmals offiziell Coventry.

6. Juli Eltern drohen mit Schulstreik wegen „katastrophaler Schulverhältnisse" in Gaarden.

9. Juli — Die Polizei beschlagnahmt „ohne nennenswerte Zwischenfälle“ die Druckmaschinen, auf denen verbotene Nummern der kommunistischen „Norddeutschen Volksstimme“ hergestellt worden sind.

31. Juli — Pressenotiz: In Kiel werden monatlich 1,5 Mio DM Besatzungskosten gezahlt. „Selbst der Segelbetrieb des englischen Sportfreundes und die große Wäsche der Lady müssen größtenteils mit Steuergroschen bezahlt werden.“

14. Aug. — Die Volkszählung ergibt u. a.: In Kiel kommen auf 100 Männer 111 Frauen.

8. bis 9. Sept. — Pommerntreffen in Kiel mit 10 000 Teilnehmern.

12. Sept. — Britischer Flottenbesuch an der Tirpitzmole.

15. Sept. — Plakataktion gegen Schwarzarbeit.

17. Sept. — Eröffnung des Defaka-Neubaus an der Holstenbrücke mit einer großen Herbst- und Wintermodenschau.

20. Sept. — Großes Fischsterben im Russee.

28. Sept. — Spendenaufruf der Arbeiterwohlfahrt für „die Ärmsten der Armen“.

9. Okt. — Die Schwierigkeiten in der Versorgung der Werften mit Stahl und Blechen führt bei den Howaldtswerken zu vorsorglichen Kündigungen. – Aufhebung der Tonnagebeschränkungen im Schiffbau.

18. Okt. — Der Leipziger Thomaner-Chor in Kiel.

20. Okt. — Erster amerikanischer Flottenbesuch mit dem Zerstörer „Henley“.

27. Okt. — Festliche Einweihung des Kieler Handwerkerhauses in der Fleethörn.

7. Nov. — Pressenotiz: Die ersten Nachkriegsfernsehgeräte Deutschlands werden auf dem Ostufer gebaut.

12. Nov. — Festakt zum 25jährigen Bestehen der Pädagogischen Hochschule.

22. Nov. — Eröffnung des neuesten und modernsten schleswig-holsteinischen Kinos, des „Gloria-Palastes“ an der Holstenbrücke mit dem Heimatfilm „Grün ist die Heide“.

24. Nov. — Nach bisherigen Feststellungen beklagt Kiel 2835 Bombenopfer und 6388 Gefallene.

25. Nov. — Neues automatisches Fernsprechamt in Betrieb – Abschied vom „Fräulein vom Amt“ bei Ortsgesprächen.

30. Nov. — Kiels Fehlbedarf an Wohnungen: 18 240 Einheiten.

6. Dez. — Bis Heiligabend erstmals seit rund 50 Jahren wieder Weihnachtsmarkt auf dem Alten Markt.

15. Dez. — Probefahrt des bei den Howaldtswerken überholten Windjammers und Segelschulschiffs „Pamir“.

20. Dez. — Die Arbeitsstättenerhebung ergibt: 93 000 Personen in mehr als 10 000 Betrieben.

22. Dez. — Zwei Spätheimkehrer treffen in Kiel ein.

6. Jan. Das Schöffengericht verurteilt einen Gemüsehändler wegen Preistreiberei mit Torf zu einer empfindlichen Geldstrafe.

8. Jan. Karstadt in der Holstenstraße beginnt mit dem Wiederaufbau des zweiten und dritten Stockwerks.

16. Jan. Pressenotiz: Die zunehmende Motorisierung zwingt dazu, zunehmend und insbesondere vor Lichtspielhäusern Parkverbotszeichen aufzustellen, um einen fließenden Straßenverkehr zu gewährleisten.

24. Jan. Erfolgreiche Probefahrt des zweiten deutschen Segelschulschiffes, der „Passat".

31. Jan. Erste öffentliche Sitzung des Kultursenats im Ratssaal. Im Mittelpunkt der Beratungen des 33köpfigen Gremiums steht die Denkschrift zur Bildung eines Kulturzentrums am Schloßgarten.

2. Febr. Grundsteinlegung zum „Haus Weltclub" am Hindenburgufer.

4. Febr. Aufnahme der Bauarbeiten für den Neubau der Vereinsbank Ecke Holstenbrücke / Willestraße.

11. Febr. Grundsteinlegung für die neue Gelehrtenschule an der Feldstraße.

18. Febr. Internationale Jazz-Schau in der Ostseehalle: „Jazz-Fans in Ekstase."

20. Febr. Der Allgemeine Studentenausschuß (AStA) beschließt auf einer Vollversammlung die Bildung eines Studenten-Parlaments als erweitertes politisches Forum zur Erörterung interner und öffentlicher Beschlußfassungen.

21. Febr. Die Ratsversammlung debattiert über die Wohnungsnot in Kiel.

1. März Pressenotiz: Die Portokasse des Amts- und Landgerichts ist leer, so daß bereits 1000 Briefe liegengeblieben sind. – Erste öffentliche Schlagerparade des NWDR in der Ostseehalle vor 8600 Besuchern; Sieger: „Addio, Donna, Grazia", gesungen von Vico Torriani. – Als Auftakt für die Helgoland-Spende nach der Freigabe der Insel durch die Engländer spielt die Polizeikapelle auf dem Rathausplatz.

4. März Pressenotiz: Zwei Jugendliche geben nach einem brutalen Überfall auf die eigenen Eltern an, dazu durch Filme und Schundliteratur verleitet worden zu sein.

5. März Die erste Milchbar wird im Schloßhof/ Holtenauer Straße eröffnet.

10. April Eröffnung der Metro-Lichtspiele im Schloßhof an der Holtenauer Straße, mit 1004 Plätzen das größte Kino der Stadt.

28. April Wilhelm Furtwängler dirigiert die Berliner Philharmoniker in der Ostseehalle vor 8000 Zuhörern.

1. Mai Auf dem Rathausturm werden erstmals Fernsehempfangsversuche vorgenommen.

2. Mai Die neue Werftstraße wird dem Verkehr übergeben.

13. Mai Die angekündigte KPD-Kundgebung auf dem Vinetaplatz ist am Vortage verboten worden, es kommt jedoch zu Zusammenstößen zwischen Demonstranten und der Polizei.

19. Mai Eröffnung des Postamtes Lessingplatz.

20. Mai Pressenotiz: Die Trümmerzufuhr für die Splittsteinherstellung nimmt spürbar ab.

4. Juni Bei Bergungsarbeiten an einem Wrack in der Höhe des Feuerschiffes Kiel explodiert ein Torpedokopf und tötet drei Arbeiter.

10. Juni Die Presse kündigt die Ausgabe von „Bettlerschecks“ der Arbeitsgemeinschaft der Freien Wohlfahrtsverbände im Wert von 5 Pfg. an, um dem Bettlerunwesen zu begegnen.

11. Juni Der Landtag beschließt Schulgeldfreiheit.

12. Juni Freundschaftsbesuch zweier US-Zerstörer im Kieler Hafen.

21. Juni Eröffnung der Kieler Woche durch Bundestagspräsident Dr. Hermann Ehlers mit „Bekenntnis zu Europa.“

22. Juni Eröffnung der ersten deutschen Schifffahrtsausstellung nach dem Kriege auf dem Seegartengelände durch Bundesverkehrsminister Seebohm.

23. Juni Erstmalige Verleihung des Kieler Kulturpreises. Preisträger: der Maler Emil Nolde.

27. Juni Eröffnung des Hauses „Weltclub“ als internationales Haus des Instituts für Weltwirtschaft; „Fest auf grünem Rasen“ auf dem Holsteinsportplatz.

28. Juni Einweihung der Jugendherberge „Bellevue“ durch Bundespräsident Theodor Heuß.

5. Juli Eröffnung der „Woche der Gemeinschaft“ in Friedrichsort-Pries.

15. Juli Pressenotiz: Die älteste Kreiselkompaßfabrik der Welt, Anschütz in Kiel, hat ihre Produktion wieder aufgenommen.

14. Aug. Pressenotiz: Die 12 in Kiel amtierenden Gerichtsvollzieher arbeiten täglich 12–16 Stunden, kennen keinen Sonntag und müssen ihren Urlaub beschneiden, da drei Viertel aller Schuldner über ihre Verhältnisse leben. Pfändungen am laufenden Band seien eine zeitgemäße Feststellung.

22. Aug. Die Lindenau-Werft, die bis 1944 in Memel beheimatet war und die vor zehn Wochen als zweite Kieler Seeschiffswerft in Friedrichsort in Betrieb genommen worden ist, hat 180 Mitarbeiter.

7. Sept. Feier zum nationalen Gedenktag des deutschen Volkes, dem Erinnerungstag an die Konstituierung des Bundestages und Bundesrates, im Ratssaal.

27. Sept. Größte Nachkriegskundgebung des schleswig-holsteinischen Handwerks mit über 9000 Teilnehmern in der Ostseehalle.

28. Sept. Abschluß der Kieler Weinwerbewoche mit einem Brunnen vor der Ostseehalle. – Feier der Goldenen Konfirmation von über 500 Kielern in der Nikolaikirche.

10. Nov. Das erstmalig gewählte Studentenparlament tritt zusammen.

13. Nov. Die Presse berichtet über den ersten Lehrgang ehemaliger Berufssoldaten bei der Volkshochschule.

18. Nov. Richtfest für das neue Sendegebäude der Küstenfunkstelle „Kiel-Radio“.

20. Nov. Ratsversammlung: Beschluß über den Neubau von 81 Schulräumen; die Bausperre soll um 80 % des bisherigen Gebietes eingeschränkt werden.

21. Nov. Zweite öffentliche Sitzung des Kultursenats, u. a. Erläuterung der kulturellen Situation auf dem Ostufer.

24. Nov. Pressenotiz: Die Weihnachts- und Außenbeleuchtung braucht in diesem Jahr nicht eingeschränkt zu werden.

26. Nov. Im „Metro“ wird das „glücklichste Kieler Ehepaar“ gekürt.

17. Dez. Der DRK-Kreisverband verschickt aus Spendengeldern mehr als 300 Kriegsgefangenen-Pakete in die Sowjetunion.

27. Dez. Pressenotiz: Kieler Weihnachtstage still und besinnlich ... Am ersten Weihnachtstag führte man die neuen „Sachen" spazieren: Blitzblanke Fahrräder, gummibereifte Roller, Kinderwagen, Puppen, aber auch Pelzmäntel, Kleider, Schuhe und Taschen ...

30. Dez. Ratenkäufe und „Pumpen" sind die große Mode („Pumpen ist der beste Weg zur Aufbesserung der eigenen Vermögensverhältnisse").

1953

4. Jan. Großer Schiffsbrand vor der Holtenauer Reede.

15. Jan. Das Studenten-Parlament der Universität wendet sich mit großer Mehrheit „gegen reaktionäre Gemeinschaft und gegen das Mensurenschlagen."

3. Febr. Beifallsstürme für die amerikanische Holiday-on-Ice-Revue, die erstmals in der Ostseehalle gastiert.

12. Febr. Der allgemeine Studentenausschuß der Universität bittet die Bevölkerung, bedürftigen Kommilitonen Mittagsfreitische zu gewähren.

14. Febr. Erster „Völkerball" im Haus Weltclub.

21. Febr. Schiffstaufe des Bundesbahn-Fährschiffs „Deutschland" bei den Howaldtswerken.

25. Febr. Pressenotiz: In der Landeshauptstadt leben 41,5 % gebürtige Kieler, 40 000 stammen aus den Gebieten östlich der Oder-Neiße-Linie, 18 400 aus der „russischen Zone".

28. Febr. Beginn der ersten Gebrauchtwagenschau in der Ostseehalle.

2. März Eröffnung des Amerika-Hauses, das seit einem Jahr in der „Brücke" zu Gast war, im neuen Gebäude der Westbank.

10. März Die Pädagogische Hochschule meldet: Der Lehrerberuf wird zum Frauenberuf; fünfmal mehr Frauen als Männer haben um eine Studienzulassung nachgesucht; junge Männer streben in die gutzahlende Wirtschaft.

29. März Wiedereröffnung der Schwimmhalle am Lessingplatz.

31. März Schließung der seit 7 Jahren bestehenden „Brücke" als deutsch-englisches Begegnungszentrum. – Pressenotiz: In Kürze soll auf dem Gelände der Deutschen Werke der Werftbetrieb für Reparaturen und Neubauten kleinerer Seeschiffe wieder aufgenommen werden.

12. April Mit einem Frachtdampfer treffen Schiffsbleche aus Japan für die Howaldtswerke ein.

17. April Wilhelm Furtwängler gastiert mit den Berliner Philharmonikern in der Ostseehalle.

20. April Mit einem Truppentransporter verläßt das in Kiel stationierte norwegische Bataillon die Stadt. Eine große Parade nach Beendigung der norwegischen Besatzungszeit hatte bereits am 11. April in Schleswig stattgefunden.

23. April Richtfest für 90 von insgesamt 170 Wohnungen in Ellerbek, die im Rahmen des Barackenräumprogramms gebaut werden sollen.

6. Mai Pressenotiz: Die dritte Milchbar in Kiel ist eröffnet worden.

15. Mai Bei den Howaldtswerken wird eine neue Helling an der Schwentine eingeweiht.

17. Mai Der erste Fernschnellzug („Senator") trifft in Kiel ein.

19. Mai Richtfest für den Turm der Nikolaikirche am Alten Markt.

1. Juni Beginn des internationalen Catcher-Turniers auf der Freilichtbühne der Krusenkoppel.

2. Juni Parade der I. King's Dragoon Guards am Hindenburgufer anläßlich der Krönung von Elisabeth II.

16. Juni Urteil im weithin beachteten Prozeß gegen den Kieler Kaufmann Iwersen, der seinen Tod in der Förde vorgetäuscht hatte.

20. Juni Eröffnung der Kieler Woche.

21. Juni Wiedereröffnung des „Alten Stadttheaters" am Kleinen Kiel mit Beethovens „Fidelio".

22. Juni Festansprache von Bundespräsident Heuß vor der Ratsversammlung; Thema: Zur geistigen und kulturellen Situation unserer Zeit.

23. Juni Fünfminütige Arbeitsruhe in allen großen Betrieben als Ausdruck der Trauer für die Opfer des Aufstandes in Berlin und der sowjetischen Besatzungszone.

26. Juni Wahrzeichen Kiels wiederentstanden: Reeder Grammerstorf übergibt den von ihm gestifteten Turmhelm der Nikolaikirche an den Propsten.

11. Juli Pressenotiz: An der Christian-Albrechts-Universität waren im Wintersemester 1952/53 2281 Studierende eingeschrieben.

21. Juli Pressenotiz: Mehrere Zentner Propagandamaterial des „Bundes der Deutschen", einer kommunistischen Tarnorganisation, sind von der Polizei beschlagnahmt worden.

27. Juli Eine zersplitterte Glastür, zwei Leichtverletzte und ein Ohnmachtsanfall sind das Ergebnis einer allzu stürmischen Drängelei bei der Eröffnung des Sommerschlußverkaufs in der Innenstadt.

1. Aug. Am Bundestreffen der Danziger nehmen 28 000 ehemalige Bewohner der Hansestadt aus 15 europäischen Ländern teil.

8. Aug. Der erste größere Nachkriegsbau läuft bei der Lindenau-Werft vom Stapel.

13. Aug. Pressenotiz: Die Howaldtswerft ist mit 9183 Beschäftigten die größte deutsche Werft. Auf ihr arbeiten 44 % aller in Schleswig-Holstein unmittelbar im Schiffbau Tätigen.

14. Aug. Eröffnung der Ausstellung „Deutsche Heimat im Osten" des Bundesministeriums für gesamtdeutsche Fragen im Landeshaus.

17. Aug. Die letzte Nissenhütte der Gemeinschaftslagerverwaltung wird geräumt.

20. Aug. Eröffnung der „City-Lichtspiele" in der Holstenstraße.

27. Aug. Eröffnung des Kepa-Kaufhauses in der Holstenstraße / Ecke Hafenstraße.

28. Aug. Wahlkundgebung der CDU mit Bundeskanzler Konrad Adenauer in der Ostseehalle.

29. Aug. Bezug des neuen Gebäudes der Gelehrtenschule an der Feldstraße.

4. Sept. Eröffnung der „Tivoli-Lichtspiele" im ehemaligen „Neuen Stadttheater" in der Holtenauer Straße.

6. Sept. Bei der Bundestagswahl erringen an Zweitstimmen: CDU 82 000, SPD 51 800, FDP 6200, BHE 4800, KPD 3300, DP 3000, SSW 500, DRP 1300, GVP 600, DNS 100.

23. Sept. Wahl der „Miß Ostsee 1953" in der Neuen Mensa.

26. Sept. Erster weiblicher Schuhmachergeselle und Malerlehrling in Kiel.

28. Sept. Zwei Kieler kehren mit dem ersten Transport der neuen sowjetrussischen Entlassungsaktion deutscher Kriegsgefangener zurück.

30. Sept. Die Beschäftigungszahl erreicht mit 94 341 die Höchstzahl seit 1948 und hat im letzten Jahr um rd. 4000 zugenommen.

22. Okt. Pressenotiz: Nach mehrjährigen Verhandlungen ist es jetzt gelungen, die Freigabe des sogenannten Scheerhafens als Handelshafen für die Stadt Kiel zu erreichen.

25. Okt. Das Kriegsgefangenen-Mahnmal auf dem Runden Platz (Berliner Platz) wird enthüllt.

4. Nov. 40 erwerbslose Kieler melden sich bei einer Werbeaktion für den Bergbau bei Oberhausen und Bottrop.

18. Nov. Serge Jaroff tritt mit dem Donkosaken-Chor in der Ostseehalle auf.

26. Nov. Pressenotiz: Zwischen der Kaufmannschaft und den zuständigen städtischen Ämtern ist vereinbart worden, den weihnachtlichen Lichterschmuck einiger Geschäftsstraßen einheitlich zu gestalten, damit „Weihnachtsfröhlichkeit nicht in einen Weihnachtsrummel ausartet."

28. Nov. Taufe des 32 500 t großen Turbinentankers „World Gratitude", des seit 1945 größten in Kiel gebauten Handelsschiffes, bei den Howaldtswerken.

12. Dez. Das Raiffeisenhaus am Bahnhof, Sitz verschiedener landwirtschaftlicher Organisationen Schleswig-Holsteins, wird seiner Bestimmung übergeben.

27. Dez. Mantovani mit seinem „Orchester der singenden Geigen" gastiert in der Ostseehalle.

1954

4. Jan. Schwere Hochwasserschäden rund um den Kieler Hafen; stärkste Sturmflut seit 50 Jahren.

9. Jan. Die Stadtverwaltung glaubt nicht, daß bei der Zahl der Baulücken und der nicht sonderlich stark frequentierten Straßen Parkographen (Parkuhren) erforderlich sind. Parkographen werden in der Bundesrepublik nur in Kiel hergestellt.

12. Jan. Die Flüchtlingsberatungsstelle des Verbandes der Heimatvertriebenen nehmen durchschnittlich 800 Personen in Anspruch.

14. Jan. Die erste von 20 Diesellloks der MaK für Schweden wird übergeben. Die MaK ist die größte Diesellok-Fabrik der Bundesrepublik.

26. Jan. Richtfest der Landesbank und Girozentrale Schleswig-Holstein am Martensdamm.

28. Jan. Träume vom Star-Dasein: Eine Schallplattenfirma sucht im Parkhotel stimmlichen Nachwuchs.

30. Jan. Jitterbug-Turnier mit einem 60-Minuten-Boogie-Marathon in der Ostseehalle vor 7000 Zuschauern. – Die Howaldtswerke teilen mit, daß sie einen Auftrag der Sowjetunion über zehn Fischerei-Fabrik-schiffe im Werte von 80 Millionen DM erhalten haben.

5. Febr. Erstaufführung des Films „Das ideale Brautpaar" vom „Brautvater" des NWDR, Jaques Königstein.

17. Febr. Ein weiterer Großtanker-Stapellauf („Olympic Rock") für den größten Reeder der Welt, Aristoteles Onassis.

18. Febr. Die Ratsversammlung beschließt, die Barlach-Plastik des „Geistkämpfers" an der Nikolaikirche aufzustellen. – Pachtvertrag zwischen Bund und Stadt über den Scheerhafen.

6. März Pressenotiz: Neuer Möbelschlager, der „Fernsehsessel" mit neuartigem, abwaschbarem Perlonbezug.

15. März Beginn der Abbrucharbeiten an der St.-Jürgen-Kirche.

26. März Wahl der „Miß Schleswig-Holstein" nicht ohne Krawall und Spektakel.

29. März Beginn der Haushaltsberatungen der Ratsversammlung: „Im Gesamtgefüge der Wirtschaft ist Kiel noch nicht über den Berg", „Großangriff" gegen den Nachmittagsunterricht in den Schulen, Marine stellt einen unverzichtbaren wirtschaftlichen Faktor dar.

1. April Eröffnung der Stadtbücherei am Alten Markt / Ecke Dänische Straße.

29. April Richtfest an der unteren Holtenauer Straße (Kersig-Bauten), für die Hauptfeuerwache am Westring und in Holtenau (Siedlungsgemeinschaft Waffenschmiede).

1. Mai Maikundgebung vor 20 000 Teilnehmern auf dem Rathausplatz, Demonstration für die 40-Stunden-Woche, für 24 Tage Jugendurlaub und höhere Lehrlingslöhne.

8. Mai 25 Jahre Firma Dr. Rudolf Hell, Experte auf dem Gebiet der Nachrichtentechnik.

23. Mai Feierliche Eröffnung des ersten Norddeutschen Bundesschießens nach dem Kriege.

30. Mai Das Marine-Ehrenmal in Laboe wieder in deutscher Hand, Tausende erleben die Rückgabe an den Deutschen Marinebund.

13. Juni „Tankerkönig" Onassis unternimmt mit seiner bei den Howaldtswerken gebauten Luxusyacht „Christina" eine Probefahrt in die westliche Ostsee. Viele Schaulustige beobachten die Abfahrt des zu fast legendärer Berühmtheit gelangten schneeweißen „Traumschiffes".

15. Juni 1000 Menschen besuchen den ersten Kulturabend der Industrie-Gewerkschaft Metall.

16. Juni Am Vorabend des 1. Jahrestages, „an dem sich unsere Landsleute spontan gegen ihre Unterdrücker erhoben", findet eine Treuekundgebung in der Ostseehalle statt.

19. Juni Beginn der Kieler Woche; Bundespräsidenten-Besuch. Eröffnung vor über 35 000 Menschen auf dem Rathausplatz. Aufstellung der Barlach-Plastik „Geistkämpfer" vor der Nikolaikirche.

21. Juni Die Ratsversammlung verleiht Bundespräsident Heuß das Ehrenbürgerrecht.

29. Juni Die Kleinbahnen nach Schönberg und Segeberg starten und enden wieder im Hauptbahnhof.

3. Juli Grundsteinlegung der neuen St.-Jürgen-Kirche am Königsweg.

7. Juli In aller Stille wird ein Seegrenzschutzverband in Kiel offiziell in Dienst gestellt.

1. Aug. Auf dem Bundestreffen der Tilsiter übernimmt Kiel die Patenschaft für die Stadt Tilsit.

11. Aug. Pressenotiz: Im Juli waren in Kiel 12 460 Kraftfahrzeuge zugelassen.

12. Aug. Baubeginn der neuen Ausfallstraße nach Hamburg und Segeberg am Barkauer Weg.

24. Aug. Schwere Regenschäden in Kiel; Eisenbahndamm bei Elmschenhagen unterspült.

31. Aug. Freigabe der verbreiterten Levensauer Hochbrücke über den Nord-Ostsee-Kanal.

12. Sept. Bei den Landtagswahlen werden in Kiel 4 SPD-Kandidaten und 1 CDU-Kandidat direkt gewählt.

14. Sept. Richtfest für das Sozialministerium an der Brunswiker Straße.

27. Sept. Richtfest für die Industrie- und Handelskammer am Lorentzendamm.

28. Sept. Eröffnung des Blohm-Kaufhauses in der Holstenstraße.

1. Okt. Oberbürgermeister Andreas Gayk verstorben. Die Trauerfeier ist für den 5. Oktober in der Ostseehalle angesetzt.

7. Okt. Pressenotiz: Rekord im Schiffbau; die schleswig-holsteinischen Werften haben in den ersten 9 Monaten dieses Jahres 66 Schiffe mit 240 000 BRT abgeliefert, davon 53 % für den Export. Für 107 Schiffe mit 347 000 BRT bestehen feste Abschlüsse, weitere 50 000 BRT sind so gut wie sicher.

11. Okt. Vor der großen Strafkammer beginnt ein Monsterprozeß wegen Betrugs mit 145 Zeugen.

17. Okt. Erste Fernsehsendung aus Kiel: 1:0 von Peter Frankenfeld vor 9000 Besuchern in der Ostseehalle.

22. Okt. Die Ratsversammlung wählt Dr. Hans Müthling zum Oberbürgermeister.

5. Nov. Der mit 7000 Litern Formalin frischgehaltene Finnwal „Jonas“ wird vor der Ostseehalle ausgestellt.

7. Nov. Festliche Einweihung des neuen evangelischen Studentenheims am Düsternbrooker Weg.

22. Nov. Pressenotiz: Bisher 5000 Segelflugstarts in Holtenau seit Kriegsende.

25. Nov. Mit dem Ausbau des Scheerhafens wird begonnen.

27. Nov. Stapellauf der „Bertha Entz“ (26 000 BRT), des größten Handelsschiffneubaus seit Kriegsende bei den Howaldtswerken.

5. Dez. Die Einzelhandelsgeschäfte haben an den drei Sonntagen (Kupferner, Silberner, Goldener Sonntag) von 14 bis 18 Uhr geöffnet. – Die erste Signalanlage (Verkehrsampel) an der Holstenbrücke wird in Betrieb genommen. Es ist vorgesehen, die Anlage vorerst nur während der Hauptverkehrszeiten einzuschalten. – Einweihung der wiederaufgebauten Jakobi-Kirche am Knooper Weg. – Das neue Sophienblatt zwischen Bahnhof und Hummelwiese, das das Gelände des ehemaligen St.-Jürgen-Friedhofs berührt, wird stadteinwärts freigegeben.

7. Dez. Bis 31. Dezember wird der Rathausturm allabendlich angestrahlt.

11. Dez. Als erstes von insgesamt 24 Spezial-Fischereischiffen, die von der Sowjetunion für rund 200 Millionen DM bei den Kieler Howaldtswerken bestellt worden sind, läuft das ca. 3000 t große Spezialschiff „Puschkin“ von der neuen Howaldt-Helling auf dem Gelände der Deutschen Werke in sein Element.

15. Dez. Richtfest der Bank für Gemeinwirtschaft in der Holstenstraße.

16. Dez. Pressenotiz: Neuer Sparklub-Sparer-Rekord in Kiel – 20 000 Bürger trugen 1954 eineinhalb Millionen DM zusammen. – Finanzbeamte beschlagnahmen die Roulette-Kasse des Spielkasinos Möltenort wegen Steuerschulden.

18. Dez. Die MaK liefert acht Liegewagen an die Deutsche Bundesbahn ab.

20. Jan.	Verpflichtung von Hans Müthling als Oberbürgermeister vor der Ratsversammlung.
28. Jan.	Das „Haus der Heimat" für 58 000 Heimatvertriebene in der Wilhelminenstraße wird seiner Bestimmung übergeben.
29. Jan.	Karneval in Kiel, Motto der Rhenania: „Am 30. Mai ist der Weltuntergang."
31. Jan.	Die Landesregierung verbietet den Spielbetrieb im Spielcasino Möltenort.
12. Febr.	Pressenotiz: Noch 4050 Butenkieler warten auf ihre Rückführung.
5. März	Stapellauf des Großtankers „World Guidance" (32 500 tdw) auf den Howaldtswerken.
8. März	Einweihung des neuen Gebäudes der Industrie- und Handelskammer am Lorentzendamm.
18. März	Eröffnung der dritten Verkaufsschau für Gebrauchtwagen in der Ostseehalle.
24. März	Bei den Haushaltsberatungen ruft der Kämmerer zum Maßhalten auf.
30. März	Der Kieler Fernsehsender auf dem Heischberg nimmt seine Tätigkeit auf.
2. April	Pressenotiz: Der Kommandostab „Küste" des Bundesgrenzschutzes nimmt nach der Verlegung von Lübeck nach Kiel in der ehemaligen Wiker Marineschule seinen Dienst auf.
19. bis 21. April	10. Milchwirtschaftliche Woche in Kiel unter großer Beteiligung der Fachwelt des In- und Auslandes.
19. April	Grundsteinlegung für das städtische Gesundheitsamt Ecke Fleethörn/ Willestraße.
22. April	Der Erfolgsfilm „Der Förster vom Silberwald" läuft in Kiel an.
24. April	Bei den Kommunalwahlen erringt der Kieler Block (CDU, FDP, GB/ BHE und SHB) die absolute Mehrheit mit 24 Sitzen gegenüber 21 der SPD.
28. April	Der Kieler Einzelrichter verurteilt einen Mann für seine „diebische" Freude an der modernen Selbstbedienung in Lebensmittelgeschäften zu zwei Monaten Gefängnis.
1. Mai	Maifeier mit 10 000 Teilnehmern auf dem Rathausplatz.
6. Mai	Zum ersten Male seit seinem Amtsantritt spricht Oberbürgermeister Dr. Müthling in der Öffentlichkeit zur kommunalpolitischen Marschrichtung für die nächsten Jahre; Einstellung zur Marine „selbstverständlich positiv." – Übergabe des Hochhauses (Sozialministerium) an der Brunswiker Straße.
10. Mai	Pressenotiz: Die schnell anwachsende Motorisierung nach der Währungsreform schafft Parkplatznöte in Kiel.
11. Mai	Gerichtlicher Denkzettel für „Halbstarke" wegen Hausfriedensbruchs und Widerstand gegen die Staatsgewalt.
25. Mai	„Drillinge", d. h. drei Fischerei-Motorschiffe laufen in Abständen von 60 Minuten bei den Howaldtswerken vom Stapel.
12. Juni	Übergabe der vor der Eichhof-Kapelle angelegten Traditionsstätte des früheren St.-Jürgen-Friedhofs, der am Sophienblatt dem Verkehr hatte weichen müssen.
15. Juni	Probefahrt der Straßenbahnlinie 2 („Genie-Transporter") zur Neuen Universität; offizieller Betrieb ab 19. Juni.
17. Juni	Der „Runde Platz" wird in „Berliner Platz" umbenannt.
19. Juni	Start in die Kieler Woche 1955 mit Gästen aus 20 Nationen.

25. Juni Preisverteilung der Internationalen Motorroller-Sternfahrt nach Kiel.

27. Juni Landesbank und Girozentrale, das größte Hochhaus Kiels, eröffnet.

2. Juli Die amerikanische Marine übernimmt an der Tirpitzmole 13 Schnellboote und 1 U-Boot-Jäger von der Sowjetunion, die dieser während des Krieges geliehen worden waren.

6. Juli Richtfest in der Holstenstraße, deren westliche Häuserfront jetzt völlig geschlossen wird.

13. Juli Pressenotiz: Fahrraddiebstähle am laufenden Band. Schönstes Sommerwetter: „So etwas haben wir seit Jahren nicht erlebt."

14. Juli Richtfest für 244 Wohnungen im Straßenkreuz Schauenburger-/Gerhardstraße und im Komplex Rathaus-/Waisenhof-/Dammstraße.

25. Juli Das Kieler Stadtkloster wird nach Beendigung des 4. Wiederaufbau-Abschnitts neu eingeweiht. – Großer Käuferansturm beim Start zum Sommerschlußverkauf.

26. Juli Richtfest für das Verwaltungsgebäude der „Neuen Heimat" am Kleinen Kuhberg.

27. Juli Besuch des US-amerikanischen Ausbildungsschiffes „Empire State" mit 400 Kadetten.

1. Aug. Pressenotiz: Kieler Klassenräume sind doppelt und dreifach belegt.

2. Aug. Richtfest für Kiels fünftes Hochhaus, einen achtgeschossigen Bau am Knooper Weg/Ecke Bremerstraße.

7. Aug. Taufe der bei der MaK für Kuba gebauten größten dieselhydraulischen Lokomotive der Welt mit 2000 PS.

10. Aug. Entschärfung eines gefährlichen Blindgängers am Krusenrotter Weg.

12. Aug. Drei Kieler kaufen sich die erste im Privatbesitz befindliche Flugmaschine der Landeshauptstadt seit Kriegsende.

13. Aug. Ein Petticoat aus versteiftem Perlon, in drei Stufen gearbeitet, kostet in einem Kieler Textilhaus 15,75 DM.

19. Aug. Pressenotiz: Die Stadt Kiel unterhält noch 29 Vertriebenenlager mit 187 Baracken, in denen noch rund 6200 Menschen untergebracht sind.

3. Sept. Die Kieler Nachrichten erörtern die Frage, ob Parkuhren (auch Parkografen genannt) für Kiel notwendig sind.

7. Okt. Unerwartet stirbt der Werftbesitzer Paul Lindenau, der seinen Memeler Werftbetrieb nach dem Krieg in Kiel neu gegründet hat.

12. Okt. Ergreifender Empfang der ersten Kieler Heimkehrer aus russischer Kriegsgefangenschaft auf dem Rathausplatz nach dem Moskauer Adenauer-Besuch.

16. Okt. Der Jazztrompeter „Satchmo" Louis Armstrong in Kiel.

19. Okt. Der 1000. Neubau der Kieler Howaldtswerke seit 1865 läuft vom Stapel. Der Jubiläumstanker, die „Hoegh Grace", ist zugleich das bisher größte Schiff, das in der rund neunzigjährigen Geschichte der Werft gebaut wurde.

25. Okt. Die Howaldtswerke weihen ihre neue Lehrwerkstatt für jeweils 150 Lehrlinge in 21 Lehrberufen ein.

30. Okt. Der Aufruf des Roten Kreuzes, zum Gruß der Heimgekehrten und zum Gedenken der noch im fremden Gewahrsam befindlichen Kriegsgefangenen Gedenkkerzen anzuzünden, findet ein überwältigendes Echo.

23. Nov. Oberbürgermeister Müthling spricht auf einer Großkundgebung in Gaarden über die Zukunft des Ostufers, nachdem Krupp am Wiederaufbau ihrer im Krieg zerstörten Anlagen nicht mehr interessiert ist.

24. Nov. Das Feuerschiff Kiel wird von einem dänischen Motorschiff gerammt.

29. Nov. Zur Weihnachtsbeleuchtung erstrahlt zum ersten Male in der Holstenstraße ein „Lichttor“ aus Hunderten von Glühbirnen.

3. Dez. Jitterbug-Tanzturnier in der Ostseehalle.

4. Dez. Der verkaufsoffene „kupferne“ Sonntag führt zu einem riesigen Gedränge in der festlich geschmückten Innenstadt.

6. Dez. Pressenotiz: Noch über 11 000 Wohnungssuchende in der Kartei des Wohnungsamtes. – Oberbürgermeister Müthling äußert sich auf einer Pressekonferenz über die Eingemeindungswünsche der Landeshauptstadt.

10. Dez. Die Post führt den Selbstwählferndienst in Kiel ein.

1956

5. Jan. Eröffnung des Lichtspieltheaters „Regina“ in der Holtenauer Straße.

7. Jan. Der Kieler Karnevalsprinz Pim der Einzige (Redakteur Feigel von den Kieler Nachrichten) „erobert das Rathaus“.

16. Jan. Eröffnung der Kieler Universitätstage 1956; Thema: „Erdgeschichte und Frühformen des Lebens“.

16. Jan. Das Vorkommando für die Marineverwaltung der Bundeswehr in Kiel richtet sich im „Somerset House“, dem ehemaligen Luftwaffenkommando am Hindenburgufer, ein.

22. Jan. Wahl einer „Miß Kiel“ in der Neuen Mensa der Universität.

24. Jan. Die ersten Offiziere der Bundeswehr in Kiel treten ihren Dienst an.

28. Jan. Zugunglück bei Meimersdorf; ein aus Kiel kommender FD-Zug fährt auf einen stehenden Personenzug auf: einige Verletzte.

30. Jan. Antrittsbesuche der Leiter der Vorausabteilung der Wehrbereichsverwaltung und des Wehrbereichskommandos bei der Stadt Kiel.

7. Febr. Starker Frost verhindert den Stapellauf des Howaldt-Neubaus „Jamara“ (Verschiebung auf den 22. Februar).

9. Febr. Die Entscheidung des Kieler-Woche-Plakat-Wettbewerbs 1956 stößt auf heftige Kritik in der Presse und Bevölkerung.

17. Febr. Infolge der starken Vereisung des Hafens kommt der Verkehr der „Blauen Dampferlinie“ zum Erliegen.

29. Febr. Der finnische Eisbrecher „Voima“ trifft mit einem Geleitzug von 18 Schiffen vor der Kieler Förde ein.

1. März Oberbürgermeister Müthling erklärt in der Ratsversammlung für den Magistrat, daß nach Kriegsende dem Großadmiral Raeder wegen formaler Mängel „im Rechtssinne das Ehrenbürgerrecht nicht aberkannt sei.“

27. März Der Fernmeldeturm im Viehburger Gehölz wird gerichtet.

28. März Die Bundesmarine erhält in Kiel die ersten Schiffe, drei Schnellboote. – Kunstwerke aus dem Besitz der Kunsthalle zu Kiel kehren aus der Auslagerungsstätte in Österreich zurück.

4. April Oberbürgermeister Müthling spricht vor der Sektion Kiel der Gesellschaft für Wehrkunde über das Verhältnis zwischen Kiel und der Marine.

14. April	Großadmiral Raeder verzichtet in einem Brief an den Oberbürgermeister auf die Ehrenbürgerschaft.
16. April	Das Gesundheitsamt nimmt seinen Dienst im neuerrichteten Gebäude in der Fleethörn auf.

6. Mai	Einweihung der Markus-Kirche in Gaarden.
10. Mai	Die Maschinenfabrik Buckau R. Wolf AG, jetzt in Neuß-Grevenbroich, erwirbt die Firma Bohn und Kähler und das Gelände der Germania-Werft in Kiel.
11. Mai	Feierliche Eröffnung des neuhergerichteten Ratskellers im Rathaus.
15. Mai	Enthüllung des Berliner Meilensteins.
24. Mai	Freispruch im Aufsehen erregenden Schwurgerichtsprozeß gegen den Elmshorner Schmiedemeister Plückhahn wegen Mordes und Brandstiftung.
29. Mai	Die ersten drei Schnellboote der Bundesmarine werden bei der Bellevue-Brücke in Dienst gestellt.

1. Juni	Marine-Bundestreffen mit Zapfenstreich und Festakt in Laboe (bis 4. Juni).
1. Juni	Endgültige Inbetriebnahme der neuen Haupt-Feuerwache an der Gutenbergstraße/Westring; die alte Hauptfeuerwache am Martensdamm wird verlassen.
8. Juni	Die Kieler Vereine fordern auf einer Sitzung ihrer Arbeitsgemeinschaft die Errichtung eines Saales durch die Stadt.
10. Juni	Flugtag in Holtenau; Taufe von vier Sportflugzeugen. 6. Kieler Sprottenkistenrennen am Karolinenweg. Der Wiker Sport- und Spielplatz am Auberg wird eingeweiht.
16. bis 24. Juni	Bundesfischerei-Fachausstellung in der Ostseehalle, verbunden mit der Tagung des Bundesverbandes der deutschen Fischindustrie.
17. bis 24. Juni	Kieler Woche, Eröffnung am Vorabend auf dem Rathausplatz. Bundespräsident Heuß in Kiel (19.–21. Juni).
18. Juni	Inbetriebnahme der ersten Verkehrskanzel in Kiel am Holstenplatz.
19. Juni	Der dänische Ministerpräsident und Außenminister H. C. Hansen hält im Stadttheater anläßlich der Kieler Woche eine bedeutsame weltpolitische Rede.
20. Juni und ff.	Amerikanische, britische und französische Flotteneinheiten treffen zum Besuch der Kieler Woche im Hafen ein.
21. Juni	Im Rathaus wird ein von Prof. Kluth-Hamburg gemaltes Porträt des Bundespräsidenten und Kieler Ehrenbürgers Theodor Heuß der Öffentlichkeit übergeben; abends Fackelzug zu Ehren Heuß', Diplomatenempfang.
27. Juni	Die Universität enthüllt ein Mahn- und Ehrenmal für die Gefallenen des Zweiten Weltkrieges von Hermann Blumenthal.
28. Juni	Die Firma Merkur (Horten u. Co., Nürnberg) eröffnet das alte Jacobsen-Warenhaus am Dreiecksplatz.

2. Juli	Die ersten Marineeinheiten werden aufgestellt und nehmen auf ihren Booten den Dienst auf.
5. Juli	Drei große Richtfeste: Verbreiterung der Gablenzbrücke, Erweiterung des Kaufhauses Karstadt an der Holsten- und Pfaffenstraße und Schaffung von 56 Wohnungen in Gaarden durch die Kieler Wohnungsbaugesellschaft.
7. bis 10. Juli	Feier der Ellerbeker Buttgilde anläßlich des 200jährigen Bestehens.
16. Juli	Aufstellung der Marinefliegerabteilung in Holtenau.
19. Juli	44 junge Dänen, Mitglieder der Falken-Organisation, besuchen Kiel und sind Gäste der FT „Vorwärts" und der Stadt.
20. Juli	Eröffnung des Gaardener Kaufhauses Jonas und Wagener in der Elisabethstraße.

21. Juli — Doppelrichtfest bei Zeiss-Ikon in der Wik und bei Anschütz.

22. Juli — Gründung der Ferdinand-Tönnies-Gesellschaft in Kiel.

5. Aug. — 2. Ellerbeker Fischerboot-Regattasegeln nach dem Kriege. – Fahnenweihe heimattreuer Stettiner in der Nikolaikirche am Markt.

15. Aug. — Freigabe des Verkehrs auf der „Neuen Hamburger Straße" zwischen der Lübecker Chaussee (Verkehrskreisel) und der Karlsburg nach zweijähriger Bauzeit.

16. Aug. — Großes Richtfest in Elmschenhagen-Nord, Vollendung der Gartenstadt.

20. Aug. — Das kleine „Underberg"-Zeppelin-Luftschiff über Kiel.

22. Aug. — Die „Metro-Bande", eine Gruppe von „Halbstarken" im Norden Kiels, wird von der Polizei gefaßt.

26. Aug. — Stadtbaurat Prof. Jensen spricht auf den „Poggendörper Festtagen" über die städtebaulichen Pläne für Neumühlen-Dietrichsdorf, vor allem auch über die neue Schwentinebrücke. – Die Straßenbahn Linie 1 befährt die neue Feldstraße.

28. Aug. — Richtfest für den letzten Bauabschnitt der Wiederherstellung des Rathauses.

Anfang Sept. — Beginn der endgültigen Wiederherstellung der im Kriege zerstörten Kunsthalle.

4. Sept. — Grundsteinlegung für den ersten Institutsneubau der Universität nach dem Kriege, und zwar der Landwirtschaftlichen Fakultät, durch Kultusminister Osterloh.

17. Sept. — Richtfest für die neue Hebbelschule an der Feldstraße.

23. und 24. Sept. — Eine Gruppe britischer Kommunalpolitiker in Kiel.

25. Sept. — Haushaltszählung im ganzen Bundesgebiet.

27. Sept. — Eröffnung der hauswirtschaftlichen Fachausstellung „Er – Sie – Es" in der Ostseehalle.

28. Sept. — Stadtpräsident Dr. Sievers reist mit einer Abordnung der Kieler Ratsversammlung nach Coventry.

8. Okt. — Die Industriegewerkschaft Metall in Schleswig-Holstein, vor allem die Kieler, Flensburger und Lübecker Werftarbeiterschaft, leitet mit einer Kundgebung in der Kieler Ostseehalle eine Urabstimmung über einen Streikbeschluß ein. Nach der Kundgebung zieht ein Fackelzug durch die Stadt.

10. Okt. — Richtfest des neuen Landwirtschaftsministeriums am Düsternbrooker Weg.

13. Okt. — Die neue Strecke der Feldstraße von der Brunswiker Straße bis zum Marinegang wird für den Gesamtverkehr freigegeben, ebenso die verbreiterte Küterstraße vom Markt bis zum Martensdamm.

16. Okt. — „Grüne Welle" der Verkehrssignale von der Hummelwiese bis zur Holstenbrücke.

17. Okt. — Neugründung des Kieler Nautischen Vereins.

18. Okt. — Die Ratsversammlung erörtert Fragen der baulichen Gestaltung des alten Marktes.

19. bis 24. Okt. — Der britische Schulkreuzer „Glasgow" in Kiel.

24. Okt. — Beginn des Streiks der Metallarbeiter bei den Howaldtswerken, der MaK und bei Bohn & Kähler im Rahmen des Metallarbeiterstreiks im Lande Schleswig-Holstein. Forderung u. a. Lohnausgleich bei Krankheit. Streikdauer: 114 Tage.

29. Okt. — Feierliche Verkehrsübergabe der neuen Schnellstraße Kiel–Segeberg (Schlußsteinsetzung bei Schackendorf).

31. Okt. — Der Magistrat spendet 30 000 DM für die Opfer des Ungarn-Aufstandes.

3. Nov. Festakt in der Pädagogischen Hochschule zur Feier der Eröffnung der Kieler Pädagogischen Akademie vor 30 Jahren und des 10jährigen Bestehens der Pädagogischen Hochschule.

5. Nov. Kundgebungen der Studenten in der Universität und auf dem Rathausplatz sowie ein Schweigemarsch durch die Stadt: Protest gegen die Gewalt in Ungarn und im Nahen Osten. Trauerbeflaggung für die Opfer in Ungarn.

8. Nov. Feierliche Eröffnung der „Nordlicht-Lichtspiele" am Andreas-Hofer-Platz in Elmschenhagen.

10. Nov. „Hundert Jahre Gasversorgung in Kiel". Feier im Rathaus.

15. Nov. Der Eingemeindungsvertrag zwischen Kiel und Suchsdorf wird von der Stadtvertretung einstimmig genehmigt und vom Oberbürgermeister von Kiel, dem Bürgermeister von Suchsdorf und ihren Stellvertretern unterzeichnet.

24. Nov. In der Universität wird die 500-Jahr-Feier der Universität Greifswald begangen.

27. Nov. Richtfest der Fotoschule an der neuen Feldstraße. – Ankunft eines Transports von Ungarnflüchtlingen in Kiel.

6. Dez. Rathausplatz 17 Uhr: Kundgebung der Streikenden der Industriegewerkschaft Metall.

10. Dez. Richtfest des Rentnerwohnheims Kiel-Friedrichsort.

13. bis 21. Dez. Ostdeutscher Weihnachtsmarkt in der Ostseehalle.

20. Dez. Die Ratsversammlung beschließt: Bewilligung von 160 000 DM für den Wiederaufbau der Nikolaikirche, Ausbau der Staatlichen Ingenieurschule und Neubau der Handwerker- und Industrie-Berufsschule, Schaffung eines städtebaulichen Mittelpunktes für Pries-Friedrichsort.

24. Dez. Feierstunde im Straßenbahn-Depot Gaarden: 75 Jahre Straßenbahn in Kiel.

26. Dez. Caterina Valente singt in der Ostseehalle.

1957

4. Jan. Das Feuerschiff „Kiel" wird im Nebel von dem finnischen Dampfer „Satu" gerammt und muß bei Bülk auf Grund gesetzt werden.

7. Jan. In der Urabstimmung lehnen die streikenden Metallarbeiter in Schleswig-Holstein bei einer Stimmbeteiligung von 98,98 % der Stimmberechtigten mit einer Mehrheit von 97,38 % einen Schiedsvorschlag ab. Forführung des Streiks und Ausweitung in den nächsten Tagen.

13. Jan. Das beschädigte Feuerschiff „Kiel" ist gehoben worden und wird nach Kiel eingeschleppt. – Handball-Hallen-Länderspiel in der Ostseehalle Deutschland gegen Frankreich 35:9.

14. Jan. Viehtransport-Dampfer „Habicht" im NO-Sturm vor der Kieler Förde gesunken, die Besatzung vom Laboer Rettungsboot „Spiekeroog" gerettet.

15. Jan. Erster Tabakumschlag im Wiker Scheerhafen.

17. Jan. Ratsversammlung: Für ein zu errichtendes Freilichtmuseum wird ein Gelände im Vieburger Gehölz bereitgestellt.

21. Jan. Feierliche Eröffnung der diesjährigen Woche der Universität in der Neuen Mensa (Thema: Der alternde Mensch).

30. Jan. Urabstimmung der Metallarbeiter über den Bonner Tarifvertrag vom 25. Januar. In Kiel 18 % für Ablehnung, in Schleswig-Holstein 21,43 % für An-

nahme, 76,24 % für Ablehnung, Abstimmungsbeteiligung 98,28 %. Fortgang des Streiks.

12. Febr. Beginn der Erdarbeiten für den Klinik-Neubau in Elmschenhagen.
13. Febr. Urabstimmung der Industriegewerkschaft Metall in Schleswig-Holstein: 58 % für Ablehnung (in Kiel etwa 70 %).
15. Febr. Wiederanlaufen der Arbeit in den bestreikten Betrieben.
19. Febr. Richtfest des „Allianz-Hauses", das die letzte Baulücke an der Holstenbrücke schließt.
21. Febr. Ratsversammlung. Beschlüsse: Neubau für das Mädchengymnasium Ricarda-Huch-Schule. In das bisherige Gebäude am Ravensberg sollen die kaufmännische Berufsschule, die Handelsschulen und die Wirtschaftsoberschule verlegt werden. Eine Bildungsanstalt für Frauenberufe ist am Königsweg vorgesehen.
23. Febr. „Miß Kiel"-Wahl in der Neuen Mensa.
28. Febr. Richtfest für die Wiederherstellung der Kunsthalle.

8. März Rückkehr der beiden Schul-Korvetten der Bundesmarine „Eider" und „Trave" von ihrer (2.) Auslandsreise, die sie diesmal nach Ostende und Brest geführt hat (Antritt der Reise: 11. Februar).
10. März Hallenhandball-Meisterschaft in der Ostseehalle: THW wird durch 7:5-Sieg über FA Göppingen Deutscher Meister.
19. März Richtkrone über Bellevue.
22. März Die Gemeindevertretung von Schilksee stimmt mit 10:1 Stimmen einem Entwurf eines Eingemeindungsvertrages zu.
23. März Deutsche Leichtathletik-Hallenmeisterschaften in der Ostseehalle.
30. März Feierlicher Abschied und letzte Fahrt der Pferde-Paketpost durch Kiel.

2. April 50-Jahr-Feier der Käthe-Kollwitz-Schule (Gymnasium für Mädchen).
20. April Selbstwähldienst im Fernsprechverkehr Kiel—Hamburg.
23. April Unterzeichnung des Staatsvertrages des Landes Schleswig-Holstein mit den 4 evangelischen Landeskirchen im Landeskirchenamt.
24. April Kultusminister Osterloh verkündet vor der Presse den Aufbau eines Atomforschungszentrums in Kiel unter Leitung von Prof. Bagge.
29. April Großes Richtfest in der Kehdenstraße.

1. Mai Auf der Maikundgebung auf dem Rathausplatz spricht der Bremer Senatspräsident Wilhelm Kaisen.
11. Mai Die Hebbelschule bezieht ihren Neubau an der Feldstraße nach Fertigstellung des ersten Bauabschnitts.
18. Mai Der amerikanische Armed Forces Day wird im Schloßgarten mit militärischen Vorführungen begangen, an denen sich die Bundeswehr mit Fahrzeugen und Kanonen beteiligt.
20. Mai Die Delegation der Kieler Stadtverwaltung kehrt von einem dreitägigen Besuch in Helsinki zurück.
21. Mai 50-Jahr-Festkonzert des städtischen Orchesters.
24. Mai Eröffnung des umgebauten Terrassen-Restaurants „Bellevue" mit der 57. Tagung der Nordwestdeutschen Gesellschaft für Gynäkologie (24.–26. Mai). – Professor Mierke zum ersten Rektor der Pädagogischen Hochschule nach der neuen Satzung der Hochschule gewählt.
25. Mai Eröffnung der Ausstellung „Mein Hobby" in der Ostseehalle.
27. Mai Ratsversammlung: Der Atomaufruf an die Bevölkerung, den die sozialdemokratische Fraktion einbringt, wird abgelehnt. Die Baupläne für die Westseite des Dreiecksplatzes werden genehmigt.

28. Mai Stapellauf des größten bisher bei Howaldt gebauten Handelsschiffes, des ersten Supertankers „Hoegh Fair“ (Norwegen).

29. Mai Landesbibliothek: Eröffnung der „Historischen Räume“ der Landeshalle. Dabei gibt Kultusminister Osterloh bekannt, daß der Ausbau des Schlosses zu einem Kulturzentrum mit Rundfunkstudio, Konzertsaal, Landesbibliothek, Historischem Museum und Volkshochschule beschlossen sei. – Richtkrone über dem Erweiterungsbau des Jacobsen-Hauses an der Preußerstraße.

6. Juni Gustav Gründgens lehnt den ihm durch Beschluß der Ratsversammlung vom 27. Mai verliehenen Kulturpreis der Stadt Kiel ab. Die Ratsversammlung beschließt nunmehr, den Kulturpreis in diesem Jahr nicht zu verleihen (Der Kultursenat hat als Preisträger den Darmstädter Generalintendanten Gustav Rudolf Sellner vorgeschlagen).

8. und 9. Juni Internationales Pfingsttreffen der Rollerfahrer.

16. und 17. Juni Deutsche Friseurbedarfsmesse in der Ostseehalle. Ermittlung des Meisters der deutschen Friseure.

23. bis 30. Juni Die international bekannte Kieler Woche wird 75 Jahre alt.

23. Juni Eröffnung der schleswig-holsteinischen Handwerksausstellung „Handwerk für Alle“ in der Ostseehalle.

28. Juni Richtfest für das Dach der Nikolaikirche.

29. Juni Eintreffen der Teilnehmer der Vespa-Zielfahrt nach Kiel. Während der Kieler Woche Flottenbesuche englischer, französischer und amerikanischer Einheiten.

24. Juni Enthüllung der Reliefs im Rathausflur „Kieler Bürger bauen eine neue Stadt“ von Blaue und During.

1. Juli Das erste U-Boot der Bundesmarine „UW 20“ wird bei den Howaldtswerken zu Wasser gelassen. – Höchste Temperatur in Kiel seit 1881: 33,4 Grad.

4. Juli Eröffnungsvorstellung des neuen Erstaufführungskinos „Die Brücke“ im fertiggestellten Allianz-Haus an der Holstenbrücke.

5. Juli Bundeskanzler Dr. Adenauer spricht in der Ostseehalle.

6. bis 7. Juli Pommerntreffen. Einweihung der Pommernkapelle in der Nikolaikirche.

9. Juli Auf den Howaldtswerken Stapellauf des Fährschiffs der Deutschen Bundesbahn „Theodor Heuss“.

10. Juli Das Landwirtschaftsministerium am Düsternbrooker Weg wird bezogen.

11. Juli Straßenbahnzusammenstoß bei der Hummelwiese: 1 Tote, 17 Verletzte.

25. Juli Richtfest für die ersten Neubauten auf dem Universitätsgelände Olshausenstraße: Zwei Gebäude für vier landwirtschaftswissenschaftliche Institute.

26. Juli Empfang von Berliner Ferienkindern im Rathaus. – „Niobe“-Gedenkfeier auf dem Nordfriedhof.

10. Aug. Rückkehr der Schulboote der Bundesmarine „Eider“ und „Trave“ von ihrer Auslandsreise nach England und Belgien.

14. Aug. Empfang von 6 Austauschschülern aus Coventry im Rathaus.

15. Aug. Die Bundesmarine übernimmt ihr erstes U-Boot „Hai“. Bundesverteidigungsminister Strauß ist anwesend.

29. Aug. Neues Jugendheim in Neumühlen-Dietrichsdorf wird eingeweiht.

1. bis 3. Sept. Das türkische Marineschulschiff „Savarona“ in Kiel.

13. Sept. Beginn des Abbruchs des Hansaspeichers Ecke Hafengasse und Kaistraße.

15. Sept. Bundestagswahl. In direkter Wahl wird Dr. Rüdel (CDU) gewählt.

19. Sept. Ratsversammlung beschließt: Neubau eines Speichers für den Nordhafen, Neubau eines Schullandheims im Harz.

25. bis 30. Sept. Besuch einer Delegation aus Coventry.

25. Sept. Trauergottesdienst in der Nikolaikirche für das am 21. September im Atlantik untergegangene Segelschulschiff „Pamir".

1. Okt. Festakt im Stadttheater zum 50jährigen Bestehen des Hauses. – „Hecht" als zweites U-Boot der Bundesmarine in Dienst gestellt.

4. Okt. 50-Jahr-Feier des Gewerkschaftshauses in der Legienstraße.

5. Okt. Offizielle Eröffnung der Bundesfachschule des Photo- und Kinohandels und der Landesberufsschule für Photohandel und -handwerk (Ersatz für die Photohändlerschule in Dresden).

9. Okt. Prof. Kroebel, Ordinarius für Physik an der Universität Kiel, führt seine Sprechmaschine vor.

14. bis 20. Okt. Die 35. Deutschen Amateurboxmeisterschaften in Kiel in der Ostseehalle.

16. Okt. Erstes Fußballspiel auf dem Holsteinplatz bei Flutlicht: 0:0 gegen Fortuna Düsseldorf.

17. Okt. Ratsversammlung: Das Theater in der Holtenauer Straße soll wieder von den Bühnen der Landeshauptstadt bespielt werden.

30. Okt. Drei kanadische Geleitzerstörer, „Saint Laurent", „Saguenay" und „Nootka", besuchen bis 5. November Kiel.

5. Nov. Der Anatom Professor Bargmann, der einen Ruf nach München abgelehnt hat, wird von den Studenten in der Vorlesung und mit einem Fackelzug geehrt.

6. Nov. Oberbürgermeister Müthling spricht im Allgemeinen Kieler Kommunalverein über den Kieler Hafen und seine wirtschaftliche Bedeutung für die Bürgerschaft. – Reeder Grammerstorf empfängt die Goldmedaille des Kommunalvereins.

7. Nov. Landeswohlfahrtsschule am Breiten Weg eingeweiht.

9. Nov. Brand einer Wohnbaracke im Lager Wehdenweg. 20 Familien obdachlos. Ein Kleinkind kommt in den Flammen um.

15. Nov. Die Stadtbücherei übernimmt die Autobücherei des Amerika-Hauses als Geschenk der Amerikaner.

18. Nov. Feierliche Beendigung des Umbaus des Warenhauses Jacobsen am Dreiecksplatz nach 211 Tagen Bauzeit.

21. Nov. Auf den Howaldtswerken läuft der norwegische Turbinentanker „Javesta" vom Stapel. Damit hat die Werft seit 1945 eine Million Tonnen Schiffsraum gebaut. Stiftung eines Urlaubsfonds für die Arbeiter.

1. Dez. Grundsteinlegung für die neue Lutherkirche.

14. Dez. Schneesturm. Hochwasser am Hindenburgufer und in Laboe. An der Ecke Adolfstraße/Lornsenstraße kippt ein Straßenbahnwagen um: 31 Verletzte.

13. Dez. Drei amerikanische Soldaten fahren mit einem Auto in den Bootshafen, zwei kommen ums Leben.

14. Jan. Auf der Straßenbahnlinie 1 beginnt der Einsatz der neuen vierachsigen Großraumwagen.

16. Jan. Ratsversammlung: Bebauung des Gebietes zwischen Projensdorfer Straße, Holtenauer Straße und Elendsredder wird beschlossen.

25. Jan. Sport-Presse-Fest in der Ostseehalle mit Tanzturnier und Sportlerehrung durch den Ministerpräsidenten.

14. Febr. Der Kreistag des Kreises Rendsburg stimmt der Eingemeindung Suchsdorfs in die Stadt Kiel zu.

18. Febr. Entscheidung des Preisgerichts im Wettbewerb zur Neugestaltung des Schlosses.

1. März Miß-Kiel-Wahl auf Bellevue.

12. März Am Grabe Dr. Wilhelm Spiegels, der am 12. März 1933 von Nationalsozialisten ermordet wurde, werden in einer Feierstunde auf dem Urnenfriedhof Kränze der Stadt Kiel, der SPD u. a. niedergelegt.

19. März 24stündiger Warnstreik der Gewerkschaft Öffentliche Dienste, Transport und Verkehr (ÖTV) im ganzen Bundesgebiet. Wegen der beschränkten Elektrizitätsversorgung arbeiten die Großbetriebe nicht. Straßenbahn und Obus liegen still. Notdienst mit Omnibussen.

15. März Die 104jährige Kielerin Rosa Perlitz gestorben.

20. März 1848er-„Erhebungsfeier" des Schleswig-Holsteinischen Heimatbundes im Landeshaus mit einer Festansprache von Professor Scharff.

22. März Der seit dem 12. März verschollene Fischkutter „Stei 7" wird vor Jägersberg-Korügen auf dem Grund der Förde gefunden.

29. März Anhaltender Schneesturm aus Osten legt den Verkehr in der Umgebung lahm.

1. April Die Landgemeinde Suchsdorf scheidet aus dem Landkreis Rendsburg aus und wird von der Stadt Kiel übernommen. – Die Klinik Dr. Rehr – die alte Neubersche Klinik – am Königsweg wird Elisabeth-Krankenhaus der Grauen Schwestern.

5. April Die Verordnung des Innenministers über die Bildung des Landschaftsschutzgebietes Kieler-Förde-Umgebung, das 17 Gemeinden des Kreises Plön von Stein bis Moorsee umfaßt, tritt in Kraft.

13. April In der Neuen Mensa veranstaltet die Gesellschaft „Bürgerharmonie von 1832" ein großes volkstümliches Konzert zugunsten des Wiederaufbaus der Nikolaikirche unter Mitwirkung des Marine-Musik-Korps Ostsee und des Gesangvereins Concordia von 1864.

13. April Der italo-amerikanische Sänger Mario Lanza singt in der Ostseehalle.

12. bis 18. April 25 Oberschüler aus Coventry besuchen die Max-Planck-Schule und führen am 14. in der Aula der Hebbelschule „Hamlet" auf.

16. April Inbetriebnahme einer Verkehrssignalanlage an der Kreuzung Königsweg/Ringstraße.

23. April Enthüllung des Max-Planck-Denksteins in der Küterstraße an der Stelle des Hauses, in dem Planck vor hundert Jahren geboren wurde. – Eröffnung des Brandschutzmuseums in dem endgültig fertiggestellten Neubau der Landesbrandkasse.

27. April Die „Z 1", eine Leihgabe der Vereinigten Staaten, der erste Zerstörer und

das größte Schiff der deutschen Bundesmarine, läuft mit Bundesverteidigungsminister Strauß an Bord in seinen Heimathafen Kiel ein.

30. April Das größte je in Kiel gebaute Schiff, der norwegische Tanker „Jakinda", läuft auf den Howaldtswerken vom Stapel.

1. Mai Die Maikundgebung richtet sich unter der Parole „Kampf dem Atomtod" gegen die Aufrüstung der Bundeswehr mit Atomwaffen. Auf dem Rathausplatz spricht zu 25–30 000 Menschen Emil Willumeit vom Bezirksvorstand der Industrie-Gewerkschaft Metall.

2. Mai Einweihung der Neubauten der Universitäts-Nerven-Klinik, mit denen der Wiederaufbau der Klinik abgeschlossen ist.

13. Mai Der erste Nachkriegs-Schulneubau Gaardens, die Hans-Christian-Andersen-Schule in der Stoschstraße, wird eingeweiht.

17. Mai Das Volksensemble für Gesang und Tanz aus der Stadt Omsk in Sibirien beginnt seine Deutschlandtournee in der Kieler Ostseehalle mit großem Erfolg.

19. Mai Die Hebbelschule übernimmt die Patenschaft für das Realgymnasium in Tilsit.

1. bis 5. Juni Woche des Bevölkerungsschutzes. Fahrbare Luftschutzausstellung auf dem Rathausplatz. Eröffnung durch Oberbürgermeister Müthling.

3. Juni Auf dem Hof des Grundstücks Herzog-Friedrich-Straße 30 wird die bisher größte Luftmine entschärft, ein Blindgänger aus dem Zweiten Weltkrieg. Völlige Evakuierung des Sperrgebiets und Abriegelung des gesamten Verkehrs während der Entschärfung.

17. Juni Kundgebung zum Tag der deutschen Einheit auf dem Rathausplatz.

19. Juni Einlaufen des schwedischen Geschwaders (9 Einheiten, Flaggschiff „Tre Kronor") in den Kieler Hafen; erstes Salutschießen nach dem Kriege von Friedrichsort aus. Zur Kieler Woche besuchen in diesen Tagen ferner Flotteneinheiten der amerikanischen, belgischen, britischen, französischen und niederländischen Marine Kiel.

21. Juni Wiedereröffnung der Kieler Kunsthalle.

21. bis 29. Juni Kieler Woche. Sie wird am 21. um Mitternacht auf dem Rathausbalkon von Willy Brandt, dem Regierenden Bürgermeister von Berlin, in seiner Eigenschaft als Bundesratspräsident und amtierender Bundespräsident, eröffnet.

23. Juni Der Diederichsenpark wird der Öffentlichkeit übergeben.

25. Juni Das zehnte Fest auf grünem Rasen.

30. Juni Blindgängerentschärfung in der Hanssenstraße.

2. Juli Zwischenlandungen des Deutschlandfluges 1958 in Holtenau.

3. Juli Grundsteinlegung für die neue Paul-Gerhardt-Kirche am Ivensrings in Neumühlen-Dietrichsdorf.

22. Juli Der Kreistag des Kreises Eckernförde stellt Bedingungen für den Fall der Eingemeindung von Schilksee nach Kiel.

24. bis 26. Juli Zwei Geschwader der belgischen Kriegsmarine (10 Minensuchboote) besuchen Kiel.

21. Aug. Grundsteinlegung für die neue Volksschule am Boksberg in Neumühlen-Dietrichsdorf. Stadtschulrat Dr. Hoffmann kündigt ein zweites Gymnasium für das Ostufer an.

28. Aug. Der russische Touristendampfer „Gruzia" legt zum ersten Mal auf einer Kreuzfahrt durch die Ostsee für acht Stunden in Kiel an; die Teilnehmer –

Russen, Finnen, Schweden und Deutsche – unternehmen eine Stadtrundfahrt.

5. bis 6. Sept. Deutscher Städtetag (Präsidium und Hauptausschuß unter Vorsitz des Präsidenten Willy Brandt, Regierender Bürgermeister von Berlin) erstmalig seit Kriegsende in Kiel.

9. Sept. Richtfest für Kiels erste zweistöckige Großgarage in der Gneisenaustraße.

17. Sept. Bundeskanzler Dr. Adenauer trifft zum Bundesparteitag der CDU in Kiel ein.

18. Sept. Festliche Wiedereröffnung des Schauspielhauses in der Holtenauer Straße, das fünf Jahre lang unter dem Namen „Tivoli" Lichtspieltheater gewesen war, mit „Nathan der Weise" von Kleist.

25. Sept. Eröffnung des Spezialhauses für Bekleidung C & A Brenninkmeyer in dem Neubau am Berliner Platz/Ecke Holstenbrücke und Andreas-Gayk-Straße.

27. Sept. Marika Rökk in der Ostseehalle.

28. Sept. Wahl zum schleswig-holsteinischen Landtag. In den fünf Kieler Wahlkreisen werden 3 CDU- und 2 SPD-Kandidaten gewählt (1954: 1 CDU, 4 SPD).

1. Okt. Der türkische Verteidigungsminister Etem Menderes in Kiel.

13. Okt. Eröffnung der neuen Hauptpost am Stresemannplatz (Andreas-Gayk-Straße). – Der neue Betriebshof der Straßenbahn an der Werftstraße in Gaarden (neben dem alten Depot) wird seiner Bestimmung übergeben. Das Depot Rondeel hat ausgedient.

16. Okt. Richtfest des neuen Verwaltungsgebäudes der Oberpostdirektion Kiel am Stresemannplatz (Eisenbahndamm).

20. bis 22. Okt. Jahreshauptversammlung der Deutschen Forschungsgemeinschaft (Bad Godesberg) im „Haus Weltclub".

20. Okt. Die Schulfregatte „Gneisenau", das von britischer Marine in Bremerhaven übernommene Kriegsschiff „Oakley", läuft in ihren künftigen Heimathafen Kiel (Stickenhörn) ein.

22. Okt. Die Kultusminister der Länder der Bundesrepublik tagen in Kiel.

1. Nov. Bohn und Kähler bzw. Maschinenfabrik Buckau R. Wolf AG, Grevenbroich, nehmen den Betrieb auf dem Gelände der ehemaligen Germaniawerft auf. – Einweihung eines neuen Lagerschuppens am Scheerhafen; Beginn des weiteren Ausbaus des Kieler Handelshafens.

9. Nov. Einweihung der neuen Lutherkirche.

11. Nov. 75-Jahr-Feier der Gaardener Mittelschule. (Gustav-Friedrich-Meyer- bzw. Annette-von-Droste-Hülshoff-Schule.)

20. Nov. Ratsversammlung. Debatte um den Wohnungsbau. Neubildung des Kultursenats (wesentliche Verkleinerung).

1. Dez. Eröffnung der Französischen Woche in der Aula der Hebbelschule.

6. Dez. Der „Kieler Schnellweg", die Bundesstraße 404, ist an die Autobahn Hamburg–Lübeck angeschlossen und von hier in Richtung Kiel durchgehend befahrbar. – Der verkaufsoffene Sonnabendnachmittag findet als „Familieneinkaufstag" großen Zuspruch.

8. Dez. Der Signalturm am Hindenburgufer wird abgebrochen.

16. Dez. Stadtbaurat Jensen spricht im Allgemeinen Kieler Kommunalverein über die großen, noch unbewältigten Bauaufgaben in Kiel.

20. Dez. In Anwesenheit des griechischen Reeders und Auftraggebers Onassis läuft unter großer Anteilnahme der Bevölkerung auf den Howaldtswerken vom Gelände der alten Deutschen Werke aus der größte in Europa gebaute Supertanker vom Stapel. Er erhält den Namen „Olympic Challenger".

20. Dez. Das neuerbaute Schulschiff der Bundesmarine, das Segelschulschiff „Gorch Fock", trifft in seinem Heimathafen Kiel ein.

9. Jan. Der kürzlich in Betrieb genommene Kugelgasometer der Stadtwerke in Gaarden – der erste in Schleswig-Holstein – wird der Presse vorgeführt.

10. Jan. Vizeadmiral Ruge stellt die Fregatte „Hipper" in Dienst in Anwesenheit des früheren Kommandanten des schweren Kreuzers „Hipper", des MdB Vizeadmiral a. D. Hellmuth Heye. Gleichzeitig werden 13 Marineeinheiten zu einer zehnwöchigen Mittelmeerreise verabschiedet. – Ein Närrisches Parlament tagt in der Ostseehalle (das erste Närrische Parlament der Bundesrepublik).

21. Jan. Richtfest für den Erweiterungsbau der Mimosawerke (Fotopapiere usw.) in Tannenberg.

24. Jan. 8. Sportpressefest in der Ostseehalle.

31. Jan. Die Gemeindevertretung von Schilksee billigt einstimmig den Vertragsentwurf über die Eingliederung in die Stadt Kiel. – Zarah Leander singt in der Ostseehalle.

13. bis 15. Febr. Gastspiel des Moskauer Staatszirkus in der Ostseehalle.

15. Febr. Der seit Tagen anhaltende und sich immer wieder neu verstärkende dichte Nebel führt am 15. zu mehreren Schiffszusammenstößen. Bei Friedrichsort verkeilen sich in der Nähe des Leuchtturms der norwegische Tanker „Stranda" und das griechische Motorschiff „Argo Dalos" ineinander, und beim Feuerschiff wird das kleine Küstenmotorschiff „Kehrwieder" aus Wischhafen in den Grund gebohrt.

16. Febr. Baubeginn für das Geschäftshaus Nebendahl am Markt/Ecke Dänische Straße auf dem Grunde des alten Tanzsaals.

19. Febr. Richtkrone über dem 100 000-Tonnen-Trockendock im Werk Gaarden, mit dessen Fertigstellung das große Bauprogramm der Howaldtswerke nach zweijähriger Bauzeit abgeschlossen sein wird.

3. bis 4. März Ozeanographen aus allen Randstaaten der Ostsee halten in Kiel eine wissenschaftliche Tagung ab.

3. März Beginn des Ausbaus des Ostrings zwischen Helmholtz- und Stoschstraße.

5. März In Bellevue wird die „Miß Schleswig-Holstein" gewählt (eine „Miß Kiel" ist nicht mehr vorgesehen).

11. März Im Kieler Rathaus wird der Eingemeindungsvertrag zwischen Kiel und Schilksee unterzeichnet.

17. bis 19. März Sperrung des Nord-Ostsee-Kanals wegen der Absenkung des Mittelstükkes des künftigen Rendsburger Kanaltunnels.

26. März Die KVAG gibt das Beschaffungsprogramm bekannt: 10 Straßenbahnwagen, 15 Omnibusse, 2 Schiffe.

1. April Die Gemeinde Schilksee tritt als Ortsteil Schilksee in die Stadtgemeinde Kiel ein.

4. April Appell der Bundeswehr (3 Kompanien und 1 dänische Kompanie) aus Anlaß des 10. NATO-Gründungstages auf dem Rathausplatz.

16. April Ratsversammlung. Der Neubau einer Jugendherberge auf dem Johannesberg in Gaarden wird beschlossen.

21. April Richtfest der Muthesius-Werkschule (Neubau) am Lorentzendamm.

1. Mai Maifeier. Fritz Strothmann aus Frankfurt am Main, Hauptvorstandsmitglied der Industrie-Gewerkschaft Metall, spricht auf dem Rathausplatz zur „Wiedervereinigung in Frieden, Freiheit und Sicherheit".

3. Mai Der Geiger Yehudi Menuhin in der Ostseehalle.

4. Mai Beginn des Neuaufbaus des Schlosses.

11. Mai Richtfest im Gelände zwischen Projensdorfer und Hanssenstraße: 296 Wohnungen der „Neuen Heimat".

1. Juni Beginn der Bauarbeiten an der Verlängerung des Hindenburgufers für Fußgänger bis zur Reventloubrücke.

17. Juni Der Tag der deutschen Einheit wird in Kiel mit einer Abendkundgebung auf der Freilichtbühne der Krusenkoppel begangen. Schweigemarsch der Studenten von der Universität dorthin. Es sprechen Ministerpräsident von Hassel und Prof. Friedensburg aus Berlin.

19. bis 20. Juni Konferenz der Ministerpräsidenten der Länder der Bundesrepublik in Kiel.

19. Juni Beginn der Flottenbesuche zur Kieler Woche. Als erste von 14 Einheiten laufen zwei britische Fregatten ein.

20. Juni Stapellauf des Supertankers „Olympic Champion" auf den Howaldtswerken in Anwesenheit des Reeders Onassis.

21. Juni Beginn der Kieler Woche.

25. Juni Bundespräsident Professor Heuß spricht auf einer staatspolitischen Veranstaltung im Stadttheater über „Wert und Unwert einer (oder: der) Tradition". Nach einem Empfang des diplomatischen Corps im Rathaus, einem Fackelzug der Jugend zum Rathausplatz und Abschiedsworten an die Jugend verläßt er die Stadt.

28. Juni Mit dem Volksfest auf der Krusenkoppel und dem Feuerwerk findet die Kieler Woche ihren Abschluß.

2. Juli Ratsversammlung. Genehmigung des Durchführungsplanes für das Gebiet zwischen Wall und Schloßstraße (Durchbruchstraße vom Nikolaikirchhof zur Burgstraße und Aufhebung der Straßen Hinter der Mauer usw.). Genehmigung des Ausbaus des Westrings. Die Universität erhält Fernheizung.

8. Juli Das Studentenwohnheim „Professor-Anschütz-Haus" wurde gerichtet.

9. Juli Auf dem Hof der Feuerwache Ost stürzte bei einer Übung die Maschinendrehleiter um: ein Feuerwehrmann kam ums Leben. – 33,2 Grad im Schatten.

25. Juli Das Schwesterschiff der „Schilksee", das Motorschiff „Düsternbrook", wird von der Verkehrs-AG in Dienst gestellt.

27. Juli Nach einem fünftägigen Besuch reist eine Gruppe von fünf Studenten der Universität Greifswald wieder ab.

3. Aug. Das Segelschulschiff „Gorch Fock" läuft zur ersten Auslandsreise aus.

5. bis 9. Aug. Ausstellung „Bauen und Wohnen" in der Ostseehalle.

10. Aug. Richtfest für den Erweiterungsbau des Obdachlosenasyls am Kronshagener Weg.

12. Aug. Großes Aal- und Fischsterben im Kleinen Kiel wegen Sauerstoffmangels infolge des warmen und trockenen Wetters.

24. Aug. In St. Andreasberg wird das Schullandheim der Stadt Kiel gerichtet.

24. Aug. Baubeginn bei der letzten Baulücke der Brunswiker Straße zwischen Koldingstraße und Dreieckplatz.

8. Sept. Beginn des Abbruchs der Schloßruinen.

10. Sept. Baubeginn auf dem ehemaligen Kruppgelände (Germaniawerft).

17. Sept. Ratsversammlung: Der Kieler Block lehnt die Fünftagewoche für die Stadtverwaltung ab.

27. Sept. Beginn der Kieler Tage zeitgenössischer Kunst; Arbeitswoche für neue Musik und Musikerziehung, veranstaltet von dem Landeskulturverband Schleswig-Holstein, dem Schul- und

Kulturamt der Stadt Kiel und dem Institut für Neue Musik und Musikerziehung Darmstadt. (Anknüpfen an die Tradition der Kieler Herbstwoche.)

29. Sept. Eröffnung des „Supermarktes" der Firma Merkur (vormals Jacobsen) in ihrem Haus am Dreiecksplatz.

18. Okt. 75-Jahr-Feier der Gemeinnützigen Heimstättengenossenschaft Kiel-Ost in Ellerbek (als Ellerbeker Bauverein gegründet.)

19. Okt. Richtfest für das erste Altersheim auf dem Ostufer.

25. Okt. Kommunalwahlen in Schleswig-Holstein. In die Kieler Ratsversammlung werden gewählt: 26 Sozialdemokraten, 20 Kandidaten der CDU, 3 Freie Demokraten. (Bisherige Zusammensetzung: Kieler Block 24, Sozialdemokraten 21 Sitze,) Stimmenanteil der Sozialdemokraten: 50,2 %

3. Nov. Grundsteinlegung für die „Eiche-Bier-Front" an der Prüne, den Neubau der Mälzerei und den Malzsilo.

10. Nov. Schwere Messerstecherei in der Flämischen Straße; ein Lübecker Seemann wird erstochen.

27. Nov. Die Ratsversammlung wählt den neuen Magistrat.

7. Dez. Ratsversammlung: Die Einführung der 5-Tage-Woche in der Stadtverwaltung ab 2. 1. 1960 wird beschlossen.

10. Dez. Schweigemarsch der Arabischen Studentenvereinigung von der Neuen Universität zum Vorplatz der Ostseehalle, um auf die Leiden des algerischen Volkes aufmerksam zu machen.

31. Dez. Das vom Allgemeinen Kieler Kommunalverein gestiftete Werftarbeiter-Denkmal von Walter Rössler wird am Prinzengarten enthüllt und der Obhut der Stadt übergeben. – In dem noch stehenden Teil des Gebäudes der früheren „Waldwiese" an der Hamburger Chaussee, in dem sich bis zum Herbst die „Scala-Lichtspiele" befanden, wird wieder ein Tanzlokal unter dem alten Namen „Waldwiese" eröffnet.

1960

18. Jan. Der 65 000 Tonnen große Onassis-Tanker „Olympic Challenger" verläßt seinen Liegeplatz gegenüber dem Bahnhof, wo er fast ein Teil des Stadtbildes geworden war. Er lag dort seit dem 5. August 1959 als eines der zahlreichen im Kieler Hafen aufliegenden Schiffe.

21. Jan. Ratsversammlung: Beratung der Baupläne für Suchsdorf und Projensdorf, Aussprache über die Preisanhebung bei der Verkehrs-AG.

22. Jan. Der Zerstörer „Z 2" der Bundesmarine, eine Leihgabe der USA, trifft nach der Überführungsfahrt in seinem Heimathafen Kiel-Wik ein.

3. Febr. Der Verein „Freilichtmuseum Schleswig-Holstein" beschließt auf einer Mitgliederversammlung im Ratskeller, das Freilichtmuseum nach Kiel zu legen und auf dem von der Stadt zur Verfügung gestellten Gelände am Schulensee aufzubauen.

15. Febr. Erster Spatenstich für das Juristenhochhaus der Universität an der Olshausenstraße.

27. Febr. Nach dem Umbau wird das bisherige Versammlungshaus im Gaardener Volkspark in einer Feierstunde seiner neuen Bestimmung als „Haus der Jugend Gaarden“ und erstes einheitliches Jugendheim in Kiel übergeben.

5. März Feierstunde der Landesregierung, der Gesellschaft für schleswig-holsteinische Geschichte und des Schleswig-Holsteinischen Heimatbundes im Stadttheater zum 500. Jahrestag des Ripener Freiheitsbriefes.

7. März Die CDU-Landtagsfraktion empfiehlt, den Landtag in den Neubau des Kieler Schlosses zu verlegen.

28. bis 31. März Freundschaftsbesuch des französischen U-Bootes „Morse“, des ersten französischen U-Bootes in Kiel nach dem Kriege.

12. April Taufe des amerikanischen Tankers „Naess Spirit“, des größten Schiffes, das die Howaldtswerke je bauten. Es schwamm ohne Stapellauf im Dock auf.

29. April Eröffnung des Hotels „Astor“ am Holstenplatz.

1. Mai Auf der Maikundgebung für sozialen Fortschritt und Wiedervereinigung spricht auf dem Rathausplatz Bruno Verdieck, der Vorsitzende des Ortsausschusses des Deutschen Gewerkschaftsbundes.

6. Mai Auf den Howaldtswerken in Dietrichsdorf läuft das erste von vier sowjetrussischen Frachtkühlschiffen unter dem Namen „Aragwi“ vom Stapel.

13. Mai In der Ostseehalle werden 1600 Jubilare der Sozialdemokratischen Partei aus den Jahren 1919–1932 in einer Feierstunde geehrt. Die Festansprache hält der Bremer Senatspräsident Wilhelm Kaisen.

14. Mai Das Fernsprechnetz der Stadt Kiel wird an den Selbstwählferndienst des Bundesgebietes angeschlossen.

16. Mai Bekenntnis zur deutschen Einheit auf dem Rathausplatz am Tag des Beginns der Pariser Gipfelkonferenz. Die Studenten marschieren in Schweigemärschen dorthin (anschließend Fakkelzug zum neuen Rektor).

27. Mai Ratsversammlung: Die Vorlage über die Erhöhung der Tarife der Kieler Verkehrs-AG wird nach stundenlanger Debatte zurückgestellt. Die Erhöhung der Gastarife wird beschlossen.

28. Mai Offizielle Einweihung des Kieler Schullandheimes in St. Andreasberg im Oberharz.

31. Mai Auf dem Flugplatz Holtenau wird das erste Flugzeug der Deutschen Taxi-Flug GmbH, das in Schleswig-Holstein im Dienst nach den Nordseebädern eingesetzt werden soll, getauft. Er erhält den Namen „Schleswig-Holstein“.

7. Juni Beginn des Umbaus Dreieckplatz.

8. Juni Einweihung des Neubaus des Landesarbeitsgerichts und Arbeitsgerichts Kiel in der Gartenstraße 3. – Beginn der Vorarbeiten für die Anlegebrücke der Fähre Kiel-Oslo beim Seegarten.

13. Juni Eine der drei Fahnenstafetten des Kuratoriums „Unteilbares Deutschland“ passiert auf dem Wege zur Zonengrenze bei Lauenburg Kiel. Begrüßung auf dem Berliner Platz durch Stadtpräsident Köster.

16. Juni Wiedereröffnung der Antikensammlung in der Kunsthalle. – Eröffnung des Luftzubringerdienstes Kiel–Hamburg.

18. Juni Bundespräsident Dr. Heinrich Lübke trifft zu seinem ersten Staatsbesuch des Landes Schleswig-Holstein und zur Teilnahme an der Kieler Woche in

der Landeshauptstadt ein. – Eröffnung der Fischwirtschaftsausstellung in der Ostseehalle, der Ausstellung „Unsere Marine" am Tirpitzhafen und der Ausstellung „Nordisches Kunsthandwerk" in der Muthesius-Werkschule.

19. Juni Beginn der Kieler Woche.

21. Juni Der österreichische Außenminister Dr. Bruno Kreisky hält als Gast der Kieler Woche im Stadttheater einen Vortrag „Betrachtungen über die Zukunft der europäischen Integration".

26. Juni Radrennen um den Kleinen Kiel, Volksfest auf der Krusenkoppel und Abschlußfeuerwerk.

28. Juni Ratsversammlung: Sie stimmt mit 24 gegen 18 Stimmen (SPD gegen CDU) für die Erhöhung und Umstellung der Fahrpreise der Kieler Verkehrs-AG. Oberbürgermeister Dr. Müthling äußert sich zum Hafenbauprogramm. Die Volksschulen erhalten volle Lernmittelfreiheit. – Seit Anfang Juni ist die Verlängerung des Hindenburgufers nach Süden bis zur Reventloubrücke fertig. Vor dem Prinzengarten und Schloßgarten haben die Bauarbeiten für das Bett der Oslo-Fähre begonnen.

11. Juli Vertragsabschluß in Moskau: Die Kieler Howaldtswerke werden für die Sowjetunion zwei kombinierte Wal- und Fischerei-Fabrikschiffe bauen.

16. Juli Mitteilung in der Presse, daß im Kieler Hafen in der letzten Zeit russische Handelsschiffe wochenlang die Radarfrequenzen der Bundesmarine ausspionieren.

23. Juli Der Schnellboot-Tender „Main", der erste Kriegsschiffbau in Kiel nach 1945, läuft auf der Lindenau-Werft vom Stapel.

1. Aug. Bei der Kieler Verkehrs-AG tritt der neue Tarif in Kraft: die einfache Straßenbahnfahrt kostet 40 Pf., die Streifenkarte wird eingeführt.

2. bis 7. Aug. Ausstellung „Unsere Luftwaffe" auf dem Wilhelmsplatz.

5. Aug. Gemeinsame Sitzung der Gemeindevertretungen von Meimersdorf und Moorsee wegen der Wasserversorgung und der Frage der Eingemeindung nach Kiel.

21. Aug. Pommerntreffen in Kiel. In der Pommernkapelle der Nikolaikirche wird eine Bahn des Bugenhagenteppichs aufgehängt.

22. Aug. Baubeginn Ecke Markt und Küterstraße.

30. Aug. Indienststellung des Versuchs-Unterseeboots „Wilhelm Bauer".

3. Sept. Bei den Olympischen Spielen in Rom erringt in den Ruderwettkämpfen der Achter aus Ratzeburg / Kiel die Goldmedaille.

10. Sept. Die Gemeindevertretung von Meimersdorf lehnt die Umgemeindung von Neumeimersdorf nach Kiel ab.

12. Sept. Beginn der Arbeiten zur Verlängerung des Westrings zwischen der Ranke- und der Paul-Fuß-Straße.

19. Sept. Zum Beginn des NATO-Manövers „Hold fast" in Schleswig-Holstein rollen lange Fahrzeugkolonnen der Bundeswehr durch die Straßen der Innenstadt.

29. Sept. 40-Jahr-Feier des Amtes für Familienfürsorge der Stadt Kiel.

7. Okt. Entschärfung einer amerikanischen Fünf-Zentner-Bombe am Erlenkamp in Wellingdorf.

20. Okt. Ratsversammlung: Es soll eine Ostuferschwimmhalle gebaut werden. Stadtpräsident Köster empfängt erstmalig vorher drei Schulklassen, um sie über die Gegenstände der Beratung zu unterrichten.

25\. Okt. Baubeginn der neuen Blücherbrücke.

27\. Okt. Stadtbaurat Professor Herbert Jensen wird an seinem 60. Geburtstag mit dem Kunstpreis des Landes Schleswig-Holstein ausgezeichnet.

11\. Nov. Der am 6. November in Kiel verstorbene Großadmiral Dr. h. c. Erich Raeder wird nach einer Trauerfeier in der Petruskirche unter großer Anteilnahme auf dem Nordfriedhof zu Grabe getragen.

18\. Nov. Das erste Geschäft bezieht den Neubau am Dreieckplatz/Ecke Holtenauer Straße. Die Behelfsbauten, die den Ausbau der Fahrbahn bisher behinderten, werden abgerissen.

24\. Nov. Aufstellung der ersten Polizeirufsäulen in Kiel.

26\. Nov. Der erste der vier verkaufsoffenen Sonnabendnachmittage vor Weihnachten, die an die Stelle der nicht mehr zugelassenen Verkaufssonntage treten („silberner" und „goldener Sonntag").

10\. Dez. Schneesturm und Hochwasser.

12\. Dez. Der bisher größte Neubau der Werft Paul Lindenau, das holländische Motorschiff „Prins Maurits", läuft vom Stapel.

17\. Dez. Stapellauf des Fährschiffes für den Kiel-Oslo-Dienst „Kronprins Harald" von der Schwentinewerft der Howaldtswerke.